Happy Xmas
War is over
if you want to
(John Lennon & Yoko Ono)

In Memoriam
Helene Anlauf
Rosemarie Uhle
Gerda Müller

Die Kurzgeschichten spielen hauptsächlich in bekannten Regionen, doch bleiben die Geschehnisse reine Fiktion. Die Figuren dieser Kurzgeschichten sind frei erfunden. Ähnlichkeiten mit lebenden oder verstorbenen Personen sind nicht beabsichtigt und wären rein zufällig.

Die Geschichte *Feuer und Flamme* spielt im Jahr 1704 am Königshof in Dresden und lässt die damalige Zeit wiederaufleben. Unter Einbeziehung historischer Persönlichkeiten und tatsächlicher Begebenheiten wird im Rahmen der künstlerischen Freiheit die Begegnung von August dem Starken mit Gräfin Cosel neu interpretiert.

Bibliografische Information der Deutschen Nationalbibliothek
Die Deutsche Nationalbibliothek verzeichnet diese Publikation in der Deutschen Nationalbibliografie; detaillierte bibliografische Daten sind im Internet abrufbar über http://dnb.ddb.de

www.niemeyer-buch.de

Umschlaggestaltung: C. Riethmüller
Der Umschlag verwendet Motiv(e) von 123rf.com
Druck und Bindung: Zimmermann Druck + Verlag GmbH, Balve
Printed in Germany
ISBN 978-3-8271-9357-5

Weihnachtsanektötchen

Spannende Geschichten
aus Dresden

von Joachim Anlauf

Inhalt

Prolog

„Ein schöner Baum!“
„Ja, wirklich. Ein schöner Baum!“

Traditionen kann man sich nicht aussuchen. Sie sind irgendwann da, begleiten uns wie selbstverständlich, helfen uns, unser Leben zu strukturieren und manchmal auch, ihm einen tieferen Sinn zu verleihen. Das gilt besonders für den Striezelmarkt, den alle Dresdner und Freunde der Stadt fest in ihrem biologischen Kalender gespeichert haben. Erster Vorbote für den Start in die Weihnachtssaison ist die Aufstellung des Weihnachtsbaumes auf dem Altmarkt. In der Regel wird dieses nadlige Prachtexemplar an einem Samstag gut drei Wochen vor Eröffnung des Striezelmarktes angeliefert. Dafür braucht es unbedingt einen schweren Lkw mit einem entsprechenden Anhänger, um mit Sondergenehmigung den nicht selten 30 Meter in die Höhe gewachsenen Baum zu transportieren. Und so versammeln sich regelmäßig die Dresdnerinnen und Dresdner sowie die Gäste der Stadt, um zur Mittagszeit den Weihnachtsbaum zu begrüßen und dessen Aufstellung zu verfolgen.

Anlässlich dieses Ereignisses gehört es zur Tradition dreier Herren, sich auf ein sogenanntes 13-Uhr-Bier zu verabreden. Der Herr Polizeidirektor hatte quasi den letzten freien Stehtisch am Rande des Altmarktes beschlagnahmt, während der Herr Polizeiseelsorger diesmal dem leiblichen Wohl den Vorzug gab und drei große Gläser frisch gezapftes Bier vorsichtig jonglierte.

„Es wird doch keine Probleme geben, oder?“
Erleichtert stellte Pfarrer Hermann Lange unfall- und verlustfrei die Gläser auf den Tisch. Der sonnige Herbsttag sorgte bei dem Geistlichen neben seiner tragenden Rolle zusätzlich für Schweißtropfen.

„Probleme? Doch nur dann, wenn Thomas seinen Zollstock vergessen hat“, vergeblich versuchte Revierleiter Dieter Hübzsch mit seinen Adleraugen den Dritten im Bunde aus dem Menschenknäuel rund um den Kran, der den grünen Nadelbaum gleich in die Höhe ziehen würde, ausfindig zu machen. „Du weißt ja, es kommt auf jeden Zentimeter an!“

Dieter Hübzsch wandte sich vom Altmarkt ab und dem Stehtisch zu. Die Krone des Pilses begann schon in sich zusammenzusacken. Ein Jammer! Es musste gehandelt werden!

„Wir sollten nicht warten, bis das Bier schal und warm ist. Das wäre auch nicht in seinem Sinne.“

Sprach's und streckte zielsicher seine Hand aus.

„Gentlemen! Ich bitte um Contenance!“

Mit seinem verwirrenden Sprachenmix bewahrte der Herr Marktamtsleiter seine Freunde vor einem Bruch mit der Tradition. Denn vor dem ersten Schluck prosteten sich alle drei zu und wünschten sich gegenseitig einen frohen und sicheren und umsatzstarken und gnadenreichen und überhaupt wunderbaren Striezelmarkt.

„Gentlemen! 30 Meter und 40 Zentimeter! Ich wiederhole: 30 Meter und 40 Zentimeter! Das ist überragend! Das ist spitze! Das ist einsame Pulsnitzer Spitze! Da können sich die Leipziger Lümmel ein Bein ausreißen! Wir sind das Maß der Dinge! Ein! Bein! Ausreißen! Gentlemen! 30 Meter und 40 Zentimeter! Das ist überragend!“

„Darauf stoßen wir an!“, unterbrach der Polizeidirektor unsanft die Jubelfanfare und griff beherzt zu.

„Na, na, na“, so leicht ließ sich Thomas Schlesinger nicht beirren, „zuerst noch einen Toast: ‚Mich deucht, das Größt' bei einem Fest – ist's, wenn man sich's schmecken lässt‘.“

„Was ist das denn?“

„Goethe!“

„Na, der war wohl zu lange in Leipzig. Also, auf den Striezelmarkt! Prosit!“

„Prosit!“

Dieter Hübzsch leerte das Glas in einem Zug.

„Ich hole die nächste Runde.“

„Nein, für mich bitte nicht.“

„Hermann! Das ist jetzt nicht dein Ernst? Bist du krank?“

Die Worte des Revierleiters klangen weniger besorgt als verärgert.

„Nein, nein. Danke vielmals für die Nachfrage. Ich habe noch einen wichtigen Termin in der Justizvollzugsanstalt. Dafür benötige ich einen klaren Kopf. Ich muss auch gleich los."

„In der JVA? Hat dich die Justiz ausgeliehen?"

„Nicht direkt. Ein Anwalt hat mich gebeten, mit seinem Mandanten zu sprechen. Es geht um die Prüfung einer vorzeitigen Haftentlassung."

„Kenne ich ihn?"

„Olaf Lorenz."

Der Polizeidirektor pfiff durch die Zähne.

„Das Monster von Meißen! Haftentlassung? Da glaube ich nie und nimmer dran. Da kannst du genauso gut hier bei uns bleiben und noch ein Bier trinken."

„Das Monster von Meißen?", fragte Thomas Schlesinger. „Wer ist das?"

„Glaube mir, das willst du an diesem Festtag heute gar nicht wissen."

„Ich hatte dem Anwalt zugesagt, mit den Angehörigen zu sprechen", sagte Hermann Lange und erinnerte sich kurz an die vielen Gespräche, die er nach der Tat mit den Verwandten, Freunden und Nachbarn, aber auch mit traumatisierten Polizisten geführt hatte. Dieses Verbrechen hatte ihn an seine Grenze des Erträglichen gebracht.

„Das ist vergebliche Liebesmüh."

„Ich habe mein Wort gegeben."

„Wie lange ist die Tat her? Doch bestimmt 10, 15 Jahre. Und Reue hat er nie gezeigt. Das ist vergebliche Liebesmüh", wiederholte der Revierleiter und zum Marktamtsleiter gewandt: „Aber wir trinken doch noch ein Glas auf den Baum-Triumph?"

„Unbedingt!"

Während Hermann Lange zu seinem Termin aufbrach, organisierte Thomas Schlesinger das Bier. Nachdem Dieter Hübzsch sein zweites Glas erneut ohne abzusetzen geleert hatte, ergriff sein Stehtischnachbar die günstige Gelegenheit beim Schopf.

„Du, Dieter?"

Der Revierleiter war alarmiert.

„Ja?"

„Habt ihr euch eigentlich schon Gedanken zum diesjährigen Sicherheitskonzept gemacht?", Thomas Schlesinger hoffte, dass er möglichst unverfänglich klang.

Dieter Hübzsch kniff ein Auge zu und fixierte sein Gegenüber.

„Du weißt, dass wir rund um die Uhr an Konzepten arbeiten."

„Das war ja das Problem", dachte sich der Marktamtsleiter, „es kommt nur wenig dabei heraus", und sagte: „Klar. Ich wollte mich nur vergewissern, ob ihr auch schon die Vier-Prä-Methodik anwendet."

„Dieser Kerl! Das war bestimmt wieder eine Fangfrage, mit der er schlauer, als es die Polizei erlaubt, sein wollte", schoss es dem Revierleiter durch den Kopf. Aufs Glatteis führen lassen wollte er sich keinesfalls.

„Es gibt viele Prä-Methoden. Welche meinst du genau?"

„Na, Prävention, Präsenz, Präzision und Prädiktion."

„Wie bitte?"

„Prävention, ..."

„Nein, nein. Das letzte. Was war das letzte Wort?"

„Prädiktion. Das ist Latein und bedeutet Vorhersage!"

„Jaja, soso. Klar. Prädiktion. Vorhersage. Ist gängig."

„Großartig! Da gibt es nämlich eine Theorie eines Professors von eurer Polizeihochschule. Super, wie Theorie und Praxis Hand in Hand gehen. Da greift ein Rädchen ins andere! Und die Dresdner Polizei schreitet wieder einmal voran. Ganz vorne dabei! Genau wie einst mit den Fingerabdrücken. Anno 1903! Die Dresdner Polizei! Modern! Innovativ! Erfolgreich! Ihr habt den Halunken schon am Schlafittchen, bevor er seinen kriminellen Plan ausbaldowert hat. Fantastisch! Ihr habt den Fall aufgeklärt, bevor jemand zu Schaden gekommen ist. Mega!"

In diesem Moment brandete Jubel und Applaus auf dem Altmarkt auf. Der Weihnachtsbaum hatte seinen Platz in der stabilen Bodenhülse eingenommen. Die beiden Traditionalisten schauten auf den Platz.

„Ein schöner Baum!"

„Ja, wirklich. Ein schöner Baum!"

Ein Licht gegen die Dunkelheit

Trist. Grau. Eng.
Die Gegenwart. Ohne Zweifel.
Für etwa eine Stunde.
Mauern. Gitter. Schlösser. Schleusen. Wachleute.
Eine Zukunft? Ohne Ausweg?
Ein kläglicher Lebensrest.

Hermann Lange fühlte sich unbehaglich in dieser Umgebung. Schon die Fahrt mit dem Taxi entlang der hohen, grauen Mauer beeindruckte ihn. Hinzu kam, dass die Oktobersonne zunehmend hinter den Wolken verschwand und es dunkler wurde, je mehr sie sich dem großen Eingangstor der Justizvollzugsanstalt Dresden näherten. Er dachte an die Inhaftierten und vor allem an den einen, den er besuchen wollte. Fühlten sie sich ebenso unbehaglich auf der anderen Seite? Er konnte sich wenigstens umdrehen und die Weite sehen und gegebenenfalls genießen. Die Insassen der JVA konnten das nicht. Der Pfarrer gestand sich ein: Auch wenn sie Menschen wie du und ich waren und ihm die Nächstenliebe das höchste Gut der Lehre Jesu Christi bedeutete, fiel ihm ein ungezwungener Umgang schwer. Die Mauer trennte in vielerlei Hinsicht: frei und unfrei, geliebt und gefürchtet, integriert und ausgegrenzt und letztlich gut und böse. Das Böse. Lauerte es hinter der Mauer in geballter Form? Konnte es der zivilen Gesellschaft tatsächlich gelingen, durch gerechte Urteile und humanen Strafvollzug mit vielen Angeboten zur Resozialisierung den sündigen Menschen zu bessern?

Durch die Scheibe sah Hermann Lange schon den Rechtsanwalt auf dem Parkplatz, der offensichtlich auf ihn wartete. Worauf hatte er sich eingelassen? Ihm war klar, dass er gleich wieder tief in einen menschlichen Abgrund sehen würde. Es würde sich auch nichts ändern, wenn er sich gebetsmühlenartig vorsagte, dass er nur zu Besuch in der JVA am Hammerweg sei. Es war mitnichten ein Monopoly-Spiel, wo man mit dem nächsten Zug wieder raus konnte. Oder maximal dreimal aussetzen musste. Es war kein Spiel. Es war das verdammte Leben, das es für jeden auf dieser Welt nur einmal gab. Ein verdammt kostbares und respektables Gut.

„Stimmt so. Eine Quittung bräuchte ich bitte noch."

„Mensch, Hermann", schalt sich der Pfarrer in Gedanken, „insgeheim ist aus dir ein Bürokrat durch und durch geworden."

„Herr Pfarrer Lange. Schön, Sie zu sehen!"

Der Rechtsanwalt strahlte und bot ihm seine Faust zum Gruß an, und Hermann Lange stieß leicht dagegen.

„Herr Uhlmann, guten Tag!"

Der Seelsorger hätte sich lieber noch einen Moment gesammelt. Stattdessen fühlte er sich unmittelbar in Beschlag genommen.

„Konnten Sie mit den Angehörigen sprechen?"

Der Rechtsanwalt kam ohne Umschweife zum Thema.

„Ja, allerdings wollten sie die Briefe von Herrn Lorenz nicht lesen."

„Warum nicht?"

„Sie wünschten, dass ich die Briefe leise lesen und ihnen meinen Eindruck schildern sollte."

„Das verstehe ich nicht."

„Sie wollen keinen Kontakt mehr zu Herrn Lorenz. Weder körperlich noch schriftlich. Ich habe es akzeptiert. Es war schwer genug, die Angehörigen für ein Gespräch zu gewinnen."

„Sie wissen aber schon, dass die Meinung der Angehörigen sehr wichtig für die Zukunft meines Mandanten ist?“

„Natürlich. Aber es geht ja nicht ausschließlich um ihn. Ich habe mein Engagement unter der Bedingung zugesagt, dass ich zwischen beiden Seiten vermittle. Ich werde die Meinung aller respektieren.“

„Und was haben Sie ihnen von den Briefen erzählt? Um es gleich ganz klar zu sagen: Es ist nicht dasselbe, einen persönlichen Brief zu lesen und auf sich wirken zu lassen, als wenn ein Dritter eine flüchtige Inhaltsangabe gibt.“

„Das hat auch niemand behauptet. Und ich denke, dass ich den Inhalt und die Intention verständlich mitteilen konnte.“

„Und nun sagen Sie schon: Werden die Angehörigen meinen Mandanten unterstützen?“

„Nein.“

„Nein?“

„Ich bedaure.“

„Was haben die Angehörigen Ihnen denn genau gesagt? Oder haben Sie alle manipuliert? Sie sind ja doch befangen! Sie hatten versprochen, die Position von Herrn Lorenz objektiv zu vertreten.“

„Herr Uhlmann! Ich stehe zu meinem Wort, und ich versichere Ihnen, dass ich mich um Objektivität bemüht habe. Sicher, kein Mensch ist unfehlbar. Ich weiß, was auf dem Spiel steht, und ich habe den Inhalt bestmöglich zusammengefasst und sogar einzelne Passagen aus dem Kopf zitiert. Um es auf den Punkt zu bringen: Die Angehörigen sind nicht überzeugt, dass Herr Lorenz seine Tat bereut.“

Es war ausgesprochen.

„Nicht ein Angehöriger ist überzeugt? Nicht mal sein Bruder? Das kann nicht sein. Die haben sich verschworen. Es ist ihnen peinlich. Sie schämen sich für ihren Verwandten. Und Sie? Sie sagen, Sie hätten sich um Objektivität bemüht. Nur bemüht? Sie sollten meinem Mandanten eine Chance eröffnen. Sie sollten für ihn werben. Ohren und Herzen öffnen. Sie hätten mehr auf die Angehörigen einwirken sollen. Sie an ihre gesellschaftliche Verantwortung erinnern. Herr Lorenz bereut. Da gibt es keinen Zweifel. Er bereut seine Tat zutiefst. Er ist nur nicht der Mann, der seine Gefühle ausdrücken kann. Die Gesellschaft ist es schuldig, ihm zu helfen."

„Nur Herr Lorenz kann für sich selbst werben. Um Vergebung bitten. Das kann ihm niemand abnehmen. Und ich spüre ebenso eine Verantwortung für die Angehörigen."

„Sie sind voreingenommen. Ein Schönwetterprediger. Welches Seelenheil ist denn mehr gefährdet? Wissen Sie, wie es im Knast zugeht? Wissen Sie, wie es ist, mit null Perspektive zu leben?"

„Nein, das weiß ich nicht. Ich maße mir auch nicht an, es gänzlich begreifen zu können."

„Wissen Sie, wie es ist, wenn andere zu Weihnachten vorzeitig entlassen werden? Und für meinen Mandanten bleibt das Tor verschlossen, obwohl er bereut?"

„Herr Uhlmann, die sogenannte Weihnachtsamnestie kommt nur für Häftlinge infrage, die Anfang Januar ohnehin entlassen worden wären. Und soweit ich weiß, beteiligt sich Sachsen nicht daran. Bei Herrn Lorenz geht es auch, wenn ich das richtig verstanden habe, noch gar nicht um eine Haftverkürzung, sondern um eine Aussöhnung mit den Angehörigen der Opfer. Das ist ein wichtiger Schritt. Eine Aussöhnung funktioniert nicht auf Zuruf."

Als der Rechtsanwalt nichts erwiderte, fügte Hermann Lange an: „Wollen wir nicht reingehen? Es wird ein wenig kalt."

Ein Knast ist ein Verwaltungsgebäude. Daran dachte Hermann Lange jedes Mal. Es gab genaue Verhaltensregeln, an die sich alle zu halten hatten. Personalien prüfen, Handy und Wertsachen abgeben, genau an der Stelle stehen bleiben, die einem gesagt oder gezeigt wird, von einem Aufseher abgeholt werden, ihm folgen, warten, bis eine Gittertür aufgeschlossen wird, durchgehen, warten, bis die Gittertür wieder abgeschlossen wird, weitergehen. Der Rechtsanwalt und er wechselten während des Ganges zum Besuchsraum kein Wort. Auch als sie an einem kleinen Tisch Platz genommen hatten, kam keine Unterhaltung zustande. Der Pfarrer schaute sich um. Der Raum war schlicht eingerichtet, wirkte aber mit der orangen Wandfarbe und einigen Pflanzen freundlich. Er war mit zehn Tischen samt Stühlen ausgestattet, die zur Hälfte besetzt waren. Einige Kinder waren mit dabei. Die Gespräche waren verhalten und gedämpft. An den Wänden standen drei Aufseher. Die Fenster waren vergittert.

Es klopfte von außen an die Tür. Die Besucher ignorierten das laute Geräusch, waren es offensichtlich gewohnt. Dem Wachpersonal merkte man eine gestiegene Anspannung an. Die Tür öffnete sich, und Olaf Lorenz betrat in Handfesseln den Raum, eskortiert von zwei Aufsehern. Die Gespräche verstummten, die Anwesenden schauten zur Tür. Dieser Einzug hatte etwas Huldvolles, etwas Majestätisches an sich, so als ob ein Zeremonienmeister mit einem Stab auf den Parkettboden klopft, um dem König den nächsten Gast anzukündigen, schoss es Hermann Lange durch den Kopf. Was würde der Zeremonienmeister ausrufen? „Majestät, das Monster von Meißen!“ Das war Quatsch. Der Pfarrer ärgerte sich über seinen albernen Gedanken. Aber ein Ruf eilte Olaf Lorenz voraus. Wenn Hermann Lange die Gesichter der Anwesenden richtig deutete, kein guter. Das Trio erreichte den Tisch. Die Handfesseln wurden abgenommen. Olaf Lorenz setzte sich. Die Gespräche ringsum wurden wieder aufgenommen.

„Herr Lorenz, guten Tag. Das ist Pfarrer Hermann Lange. Er hat die Briefe überbracht.“

Der Seelsorger nickte. Olaf Lorenz schaute ihn nur an.

„Damit ist der erste Schritt vollzogen, um mit Ihren Verwandten wieder ins Gespräch zu kommen, an alte Kontakte wieder anzuknüpfen.“

Hermann Lange war gespannt, wann der Rechtsanwalt die Katze aus dem Sack ließ. Wahrscheinlich wird sein Honorar nach Zeit berechnet, dann könnte es noch etwas dauern.

„Sie wissen, dass es für unser Vorhaben unerlässlich ist, dass Sie in den Kreis der Familie zurückkehren. Es ist Zeit vergangen. Zeit heilt zwar nicht alle Wunden, aber es gibt einen Abstand. Die Hinterbliebenen haben sich mit den Gegebenheiten abgefunden, die Realität akzeptiert. Die Toten ruhen und bleiben liebevoll im Gedächtnis. Aber man muss auch an Sie denken. Sie leben. Sie leben unter unwürdigen Bedingungen. Ohne Kontakte, ohne Besuch, ohne Perspektive. Es ist Zeit, sich die Hände zu reichen. Der Staat und die Gesellschaft müssen ihren Sonntagsreden Taten folgen lassen. Wer Resozialisierung will, muss die Menschen im Gefängnis unterstützen."

Es erschien dem Pfarrer so, als müsse der Rechtsanwalt seinem Mandanten noch einmal den Hintergrund für ihr Vorhaben einimpfen. Als glaubte nur der Rechtsanwalt an Aussöhnung, Vergebung und – irgendwann einmal – Entlassung.

„Pfarrer Lange war also bei den Hinterbliebenen und wird Ihnen nun berichten."

Olaf Lorenz hatte die ganze Zeit auf die Mitte des Tisches gestarrt, die Worte des Rechtsanwaltes ohne Regung über sich ergehen lassen. Für Hermann Lange kam die Übergabe an ihn ziemlich abrupt.

„Herr Lorenz, leider muss ich Ihnen mitteilen, dass es nicht viel zu sagen gibt."

„Herr Pfarrer, fangen Sie einfach an, ohne gleich werten zu wollen."

Der Seelsorger sah den Rechtsanwalt einige Sekunden lang an und fuhr fort: „Ich habe alle Adressaten persönlich aufgesucht und ihnen die Briefe ausgehändigt, vielmehr aushändigen wollen. Niemand hat sie angenommen, geöffnet, geschweige denn gelesen. Ich habe mich angeboten, die Briefe im jeweiligen Beisein der Adressaten zu öffnen. Das wurde akzeptiert. Ich durfte sie aber nicht vorlesen, sondern nur kurz den Inhalt zusammenfassen."

Der Rechtsanwalt schnaufte verächtlich: „Und wie haben Sie den Inhalt der Briefe zusammengefasst?"

Der Pfarrer sah beide Tischnachbarn an. Der Rechtsanwalt hatte die Arme vor seinem Oberkörper verschränkt und beide Beine weit ausgestreckt. Seine Haltung und sein Blick wirkten arrogant und feindselig. Der Inhaftierte saß schweigend, hatte seine Hände ineinandergelegt und sah auf diesen imaginären Punkt auf dem Tisch.

„Im Grunde wiesen alle Briefe einen gleichen Aufbau auf. Das habe ich natürlich erst ab dem zweiten, dritten Brief bemerken können. Eine kurze Begrüßung. Die Nachfrage, wie es dem Adressaten gehen mag. Das Eingeständnis, etwas Schlimmes, Nichtwiedergutzumachendes getan zu haben. Die Frage nach der Schuldfähigkeit und der Reue, nach der Sühne, nach der Möglichkeit, wieder Kontakt aufzunehmen. Häufig wurde am Ende auf eine Gemeinsamkeit angespielt. Eine Begegnung, eine Reise, ein Hobby, eine Vorliebe. Jeder Brief wurde mit dem Wunsch auf ein Wiedersehen und nach Vergebung abgeschlossen."

„Und Sie haben es mit der gleichen Intensität, dem gleichen Wollen und der gleichen Leidenschaft wiedergegeben, wie Herr Lorenz es verfasst hatte?"

„Das kann ich nicht beurteilen."

„Wie, das können Sie nicht beurteilen?"

„Ich habe den Text das erste Mal gelesen. Außerdem bin ich nicht der Verfasser. Ich ergreife auch keine Partei. Das habe ich deutlich gesagt. Als Polizeiseelsorger habe ich die Adressaten zum Teil kennengelernt und habe sie ein Stück des Trauerweges begleitet. Ich weiß, wie sie gelitten und mit sich gerungen haben, um nicht zu verzweifeln. Deswegen habe ich versucht herauszufinden, ob die Brücke, die Herr Lorenz aufbauen will, belastbar ist. Damit wir uns richtig verstehen: Ich bin nicht die Brücke, Herr Lorenz muss die Brücke bauen. Ob die Angehörigen darüber gehen möchten, müssen sie selbst entscheiden."

„Haben die Angehörigen Sie um Rat gefragt?"

„Zum Teil, ja!"

„Und was haben Sie gesagt? Was war Ihr Rat?“

„Mein Eindruck war, dass der Verfasser des Briefes nicht aufrichtig war bzw. der Text von einem anderen vorgeschrieben worden ist.“

„Das ist ja eine Unverschämtheit!“

Rechtsanwalt Bodo Uhlmann sprang auf, stieß sich mit einem Knie am Tischbein und fluchte, während er mit der Faust auf die Tischplatte haute. „Eine Unverschämtheit! Jetzt sagen Sie doch auch etwas! Hallooo!“

Er beugte sich gefährlich nahe zu seinem Mandanten herunter, der sich jedoch ruhig verhielt und so tat, als ginge ihn das alles gar nichts an. Es war plötzlich mucksmäuschenstill im Raum. Hermann Lange fühlte alle Blicke auf diesen Tisch gerichtet. Ein Aufseher kam und fasste den Rechtsanwalt am Arm, um ihn zurückzuziehen. Mit einer Bewegung der Schulter schüttelte der Rechtsanwalt die Hand ab.

„Das war’s. Ich gebe Ihr Mandat zurück. Auf Wiedersehen!“

Er drehte sich um, ging zur Tür, schlug dagegen, damit ihm geöffnet wurde, und verschwand, ohne sich umzudrehen.

Olaf Lorenz saß da, anscheinend unfähig, etwas anderes zu tun. Der Pfarrer erinnerte sich. Die Tat war ungeheuerlich und über Monate bestimmendes Thema in den Medien. Der Schuldige war von Anfang an klar. Es gab nur das „Monster von Meißen“. Den Unmenschen. Alles wurde dargestellt, zum Teil in reißerischer Manier. Der Fundort und der Zustand der Leichen, das Leid der Hinterbliebenen, die Flucht, die Suche, die in manchen sozialen und unsozialen Netzwerken einer Treibjagd glich, die Verhaftung und schließlich der Prozess, der zu einer lebenslangen Haftstrafe geführt hatte, an die sich eine Sicherheitsverwahrung anschließen sollte. Olaf Lorenz hatte damals wie heute kein Wort gesagt. Kein Bedauern zum Ausdruck gebracht, keine Erklärung abgegeben, keine Entschuldigung ausgesprochen und keine Reue gezeigt. Auch über seinen damaligen Rechtsbeistand ließ er keine Nachricht übermitteln. Er saß im Gerichtssaal wie versteinert und schaute teilnahmslos an den Menschen vorbei. Das Gericht sah seine Schuld als erwiesen an. Besonders schwer wogen die Heimtücke und die Brutalität der Tat. Niemand hatte sich für ihn eingesetzt. Damals wie heute.

„Warum gehen Sie nicht?“

Hermann Lange traute seinen Ohren nicht. Olaf Lorenz sah ihn an.

„Möchten Sie, dass ich gehe?“

„Nein."

„Dann bleibe ich."

„Warum?"

„Weil ich diese Aktion nicht verstehe. Verspüren Sie in Ihrem Inneren den Wunsch, dass Sie mit den Angehörigen – bei den meisten handelt es sich ja um Mitglieder Ihrer Familie – wieder in Kontakt treten? Ist Ihre Einsicht, Ihre Reue echt? Nach all den Jahren. Wenn Sie mir gestatten zu sagen: Der Inhalt der Briefe war sehr ähnlich, über weite Strecken unpersönlich, austauschbar. Ich konnte kein echtes Gefühl des Bedauerns, der Reue herauslesen."

Olaf Lorenz hielt seinem Blick stand.

„Es war nicht meine Idee."

„Welche Idee? Die Schreiben an die Angehörigen. Der Wunsch um Kontakt und Aussöhnung. Das Bedürfnis, wieder in den Kreis der Familie aufgenommen zu werden? Das Bedürfnis, Vergebung zu erfahren?"

„Sehen Sie", Olaf Lorenz spielte verlegen mit seinen Händen, „ich möchte lieber tot als hier eingesperrt sein. Ich möchte lieber tot sein, als mich mit meiner Familie beschäftigen zu müssen. Ich möchte lieber tot sein, damit das Weiterleben für die Anderen erträglicher wird. Aber ich war zu feige. Ich wollte mich selbst töten, weil es keinen Ausweg gab. Was ich getan habe, habe ich getan, musste ich tun. Ich fühlte mich verraten. Und Verrat ist das Schlimmste! Noch dazu von deinen Liebsten, deinem Fleisch und Blut. Ich habe nicht lange überlegt. Ich habe gehandelt. Alles in mir verlangte nach dieser Tat. Was ich nicht konnte, war, mich selbst zu richten. Weil ich ein elender Feigling bin. Und dann

bin ich geflüchtet, weil ich ein elender Feigling bin. Warum kann es der Staat nicht für mich tun?"

„Was soll der Staat tun?"

„Mich töten. Was ist das für ein schwacher Staat? Es steht in der Bibel: Auge um Auge, Zahn um Zahn. Warum tötet mich der Staat nicht? Es wäre nur gerecht. Ich habe auf meine Weise Gerechtigkeit ausgeübt, warum kann der Staat nun nicht seinerseits Gerechtigkeit ausüben?"

Das Gespräch hatte eine unerwartete Wendung genommen. Der Seelsorger war überrascht. Olaf Lorenz hatte sich seit der Tat in Schweigen gehüllt und keine Emotionen gezeigt. Er wirkte kalt und gefühllos. Jetzt brach es förmlich aus ihm heraus. Er hatte sich in Rage geredet. Kränkungen, die tief in ihm verborgen waren, traten an die Oberfläche. Dessen Sichtweise über Leben und Tod konnte Hermann Lange nicht billigen. Er entschied sich, die übliche Methode der Seelsorge – durch gezieltes und behutsames Fragen den Patienten erzählen zu lassen – aufzugeben. Er wollte ihn bewusst provozieren.

„Zunächst einmal leben wir im 21. Jahrhundert. Unsere Gesellschaft hat sich aus nachvollziehbaren und begrüßenswerten Gründen gegen eine Todesstrafe ausgesprochen", begann Hermann Lange seine Antwort, „haben Sie sich schon einmal gefragt, warum Sie sich nicht töten konnten? Sind Sie sicher, dass Sie nur zu feige waren? Ist das nicht zu einfach? Ihre Tat ist einzigartig gefühllos und furchtbar. Sie behaupten, Sie wollten Gerechtigkeit ausüben. Ihre Gerechtigkeit. Damit stellen Sie sich über das Gesetz, über unsere gesellschaftliche Basis und – wenn Sie glauben – über Gottes Willen. Vielleicht existiert ja in Ihnen irgendwo ein Plan, ein göttlicher Plan, wie Sie mit Ihrer Schuld umgehen können? Und dieser Plan verlangt eine andere Handlung von Ihnen, als sich umzubringen, zu richten, wie Sie sagen. Tot zu sein ist zu einfach. Ihr Leben ist noch nicht vorbei. Vielleicht ist es Ihre Bestimmung, etwas anderes mit Ihrem Leben anzufangen, etwas anderes in Ihrem Leben zu finden als den vorzeitigen Tod?"

„Der Tod ist nicht zu einfach. Wenn Sie recht haben, erwarten mich Höllenqualen, bis zum Jüngsten Gericht und darüber hinaus. Aber ich wäre bereit dafür. Besser als hier im Knast innerlich dahinzuvegetieren. Es war die Idee von diesem Rechtsverdreher. Er fragte an, ob ich ein Gnadengesuch stellen wolle. Ich müsste halt der Form halber einige Punkte erfüllen. Ich wurde schwach, als ich darüber nachdachte, wie es wäre, wenn ich noch einmal frei sein könnte. Aber ich werde niemals frei sein. Das ist mir jetzt klar."

„Frei sein, das können Sie nicht von außen eingetrichtert bekommen. Es muss Ihre Überzeugung sein, Ihre echte Überzeugung. Und dann müssen Sie auch nicht der Form halber gewisse Punkte erfüllen. Sie erfüllen diese automatisch, wenn Sie echte Gefühle zulassen, echt bereuen. Vielleicht ist das der Grund, warum Sie noch leben? Durch Reue, durch Umkehr, durch ein Zeichen, durch Worte der Gesellschaft und den Hinterbliebenen Ihre Beweggründe erklären. Kein Mensch tötet grundlos. Sie sind kein Monster!"

„Oh doch. Alle nennen mich so: Das Monster von Meißen. Damit fällt es meiner Familie leichter, von mir fernzubleiben. Damit bin ich abgestempelt. Eines Tages werden meine Mitinsassen das Monster zur Strecke bringen. Momentan ist dieser Ruf ein gewisser Schutz, aber wenn ich nicht aufpasse, dann killen sie mich. Das weiß ich. Um ein Monster muss sich niemand Gedanken oder Gewissensbisse machen. Das killt man wie ein lästiges Insekt."

„Dann beweisen Sie, dass Sie kein Monster sind. Umgekehrt ist es doch richtig: Weil Sie den Stempel ‚Monster' angenommen haben, sich in dieser Rolle gefallen, müssen Sie sich keine Mühe mehr geben, müssen Sie sich nicht mit Ihrer Tat und den Konsequenzen auseinandersetzen. Sie wollen ein freier Mann sein? Das können Sie in dieser Rolle nicht. Und dieser tatsächlich lieblose Versuch, Reue zu heucheln, hat die Hinterbliebenen noch mehr verletzt. Es liegt mir fern, Ihnen unaufgefordert einen Rat zu geben, und auch wenn sich der Moment der Weihnachtsamnestie deutlich nähert, beabsichtige ich nicht, Sie zu missionieren: Aber, suchen Sie in sich! Horchen Sie in sich hinein! Spüren Sie ein Signal für eine Umkehr? Für einen Neubeginn?"

„Nein, da ist nichts. Ich habe getan, was ich tun musste. Es war für mich der einzige Weg. Und der eine Tod führte zum nächsten und so weiter. Eine unausweichliche Kettenreaktion. Ich bin nicht stolz darauf. Aber ich musste es tun. Ich kann niemanden um Verzeihung bitten."

„Sie machen es sich sehr bequem. ‚Sie mussten es tun'. So ein Unsinn, so ein menschenverachtender Unsinn! Niemand muss einen anderen Menschen töten. Niemand hat das Recht dazu. Das ist Barbarei. Und eines wollte ich Ihnen noch sagen: Ich bin dankbar, dass es in unserem Land keine Todesstrafe mehr gibt. Ein Irrweg zu glauben, dass man mit einer solchen Vergeltung Leid mildern und Schuld begleichen könne. Wissen Sie, was ich glaube: Sie sind zu feige, andere aufrichtig um Vergebung zu bitten. Sie würden es gerne tun, aber Sie sind zu feige! Sie haben sich verraten, als Sie mich angesprochen haben. Das war Ihr erster Fehler, der gezeigt hat, dass Sie nicht das Monster sind. Los, begehen Sie weitere Fehler! Zeigen Sie es dem Monster, das anscheinend vollkommen von Ihnen Besitz ergriffen hat! Werden Sie endlich wieder zu einem Menschen! Dann war die Haft auf Kosten der Steuerzahler wenigstens nicht umsonst!"

Ein Aufseher trat an den Tisch.

„Entschuldigen Sie bitte. Die Besuchszeit ist um. Bitte beenden Sie Ihr Gespräch."

Hermann Lange schaute auf die Uhr. Es war spät geworden. Er atmete einmal tief durch.

„Herr Lorenz, ich sage Ihnen nicht ‚Lebe wohl', sondern ‚Auf Wiedersehen'. Wenn Sie möchten, können Sie mich über die Gefängnisleitung kontaktieren. Ich würde gern unser Gespräch fortsetzen."

Ein weiterer Aufseher kam hinzu und bedeutete Olaf Lorenz aufzustehen und die Hände nach vorne zu halten. Der Inhaftierte stand auf. Bevor er sich die Handfesseln anlegen ließ, streckte er dem Pfarrer seine rechte Hand aus, die dieser ohne zu zögern ergriff.

„Danke!"

Am Empfang sollte Hermann Lange noch einen Moment warten. Die Leiterin der Justizvollzugsanstalt eilte herbei.

„Herr Lange, schön, Sie kennenzulernen. Ich bin Margret Voigt, die Leiterin dieser Einrichtung. Wenn Sie noch fünf Minuten Zeit haben, würde ich Sie gerne sprechen."

Auf fünf Minuten kam es dem Seelsorger selten an, und so folgte er ihr in ein kleines Dienstzimmer, das gerade nicht besetzt war.

„Zwei Dinge habe ich auf dem Herzen. Wäre es Ihnen möglich, in Vertretung unseres Gefängnisseelsorgers am 1. Advent einen Gottesdienst in unserer Kapelle abzuhalten? Vielleicht hätte unser Herr Conrad Sie auch darum gebeten. Aber ich dachte mir, wenn Sie schon einmal hier sind, kann ich Sie auch selbst fragen."

„Um wie viel Uhr wäre das?"

„15 Uhr. Aber wir sind flexibel."

„Das passt. Ich komme gerne, hoffe aber, dass das kein Versuch ist, um mich abzuwerben. Ich bin und bleibe mit Leib und Seele Polizeiseelsorger."

„Keine Sorge. Mit der Polizei legen wir uns nicht an."

„Und was haben Sie noch auf Ihrem Herzen?"

„Entschuldigen Sie bitte. Ich habe mir von Ihrem Besuch bei Herrn Lorenz berichten lassen. Wie ist es Ihnen nur gelungen, mit ihm ein Gespräch zu führen? So viele Sätze am Stück hat er hier noch nie gesprochen. Wissen Sie, wir haben einiges probiert: Soziales Kompetenztraining, Anti-Gewalt- oder Opfer-Empathie-Training. Er hat sich auf nichts eingelassen."

„Er wollte es. Ihm ist es gelungen, nicht mir. Ich bin wohl ein dankenswertes Gesprächsopfer."

„Und sein Rechtsanwalt hat vorzeitig das Gespräch verlassen?"

„Das stimmt. Er hat das Mandat zurückgegeben."

„Oha."

„Vielleicht ist es gar nicht so schlimm. Herr Lorenz muss sich auf sich selbst besinnen und endlich herausfinden, was er will und was er kann."

Der Gottesdienst zum 1. Advent näherte sich seinem Ende. Zusammen mit einem ehrenamtlichen Helfer, der ihn auf der Gitarre begleitete, stimmte Pfarrer Hermann Lange das Lied „Macht hoch die Tür, die Tor macht weit" an. Langsam stiegen die Insassen mit ein, um mit jeder Strophe lauter und stimmungsvoller zu singen. Weihnachten lässt niemanden kalt.

„Liebe Schwestern und Brüder, bevor ich euch den Segen gebe, wünsche ich euch eine besinnliche Adventszeit und, falls wir uns nicht vorher noch einmal begegnen sollten", damit provozierte Hermann Lange bei einigen Gottesdienstbesuchern ein Kichern, „ein frohes und gesegnetes Weihnachtsfest sowie ein gutes neues Jahr! Als eine kleine Aufmerksamkeit haben wir Seelsorger in Absprache mit der Gefängnisleitung ein kleines Präsent für jede Teilnehmerin und jeden Teilnehmer bereitgestellt. Sie können sich jeweils einen kleinen Herrnhuter Stern aussuchen, den Sie sich innen an Ihrem Fenster aufhängen können und dessen Licht Sie in der Weihnachtszeit erhellen möge. Natürlich machen wir Seelsorger das nicht ohne Hintergedanken. Das versteht sich. An das Netzteil können bis zu drei kleine Sterne, übrigens in unterschiedlichen Farben, angeschlossen werden. Sie sehen, es lohnt sich also, mehrfach auch an den nächsten Adventssonntagen zum Gottesdienst zu kommen. Ich erteile euch jetzt den Segen. Der Heilige Geist möge euch begleiten und schützen! Normalerweise würde ich jetzt sagen ‚Gehet hin in Frieden!' Das wäre aber nicht für alle gleichermaßen passend. Deshalb: Seid dort, wo euch der liebevolle und gütige Gott befiehlt, und bringt Frieden. Im Namen des Vaters und des Sohnes und des Heiligen Geistes. Amen!"

Hermann Lange musste schmunzeln, als er sah, wie sich Olaf Lorenz nicht zwischen zwei Sternfarben entscheiden konnte.

Intermezzo I

Polizeidirektor Dieter Hübzsch kratzte sich am Kinn. Eine Verlegenheitsgeste, sagten manche. In sündhaft teuren und aus seiner Sicht total überbewerteten Kommunikationslehrgängen hatten bemühte Dozenten versucht, sie ihm bei Übungen vor dem Spiegel oder sogar vor laufender Kamera abzugewöhnen. Zwecklos. Sollten die Leute doch denken, was sie wollten. Ihn kratzte es nicht.

Er schaute aus dem Fenster seines Dienstzimmers in der Polizeidirektion. Dieser Blick bot für jede Gemütslage etwas, womit er sich je nach Bedürfnis beruhigen, ablenken, unterhalten oder inspirieren lassen konnte. Rechts befand sich das Kurländer Palais, in dem er gerne Konzerte im Jazzclub „Neue Tonne“ besuchte. Geradeaus sorgte die Rampe zu einer Tiefgarage für einen regelmäßigen Verkehrsfluss und war praktisch bei unsicheren Entscheidungen: Anstatt eine Münze zu werfen, legte der Revierleiter einfach zwei Automarken als Kopf bzw. Zahl fest. Welches Fabrikat dann zuerst an der Rampe auftauchte, entschied die Wahl. Dahinter blieb sein Blick häufig an der Figurengruppe des Albertinums hängen. In der Mitte schaute der geflügelte Genius so entzückt auf seinen Lorbeerzweig, dass er nicht bemerkte, dass ihn der verrutschte Umhang entblößte. So weit sollte für den Geschmack von Dieter Hübzsch der mit dieser Figurengruppe dargestellte Herrscherruhm in der Realität aber besser nicht gehen. Und zu seiner Linken sah er in Richtung Frauenkirche die Neubauten an der Rampischen Straße, deren Fassaden sich an den Gebäuden orientierten, die gegen Ende des Zweiten Weltkrieges den Bomben der alliierten Streitkräfte zum Opfer gefallen waren. Es hatte einen großen Streit über die Wiederbebauung des Viertels rund um die Frauenkirche gegeben. Kritiker warfen der Stadt Dresden vor, mit der überwiegenden Orientierung an den historischen barocken Grundrissen und Fassaden ein „Disneyland“ geschaffen zu haben. Dem Revierleiter jedoch gefiel es.

Dresden hatte seine alten Gassen und Plätze im Herzen der Altstadt zurückerhalten. Ihm gefiel auch, dass dieses Viertel ein Teil seines Reviers war. Dazu gehörten unter anderem das Schloss, die Frauenkirche, der Landtag, der Hauptbahnhof, der Große Garten und der Striezelmarkt auf dem Altmarkt. Darauf war er stolz. Viel Arbeit und Verantwortung, aber auch viel Freude.

Wenig erfreulich war hingegen gerade die Beratung mit der Führungsgruppe des Reviers verlaufen. In der Theorie war alles so schrecklich einfach. Mit dem richtigen Konzept und dem richtigen Team und der richtigen Einsatzbereitschaft ließe sich die Kriminalität auf den Wert null herunterfahren. Natürlich, das war Revierleiter Dieter Hübzsch sehr wohl bewusst, konnte man Kriminalität nie ganz unterbinden. Aber nach all den Tumulten, all den Schlagzeilen in seinem Revier sehnte sich der Polizeidirektor nach einem ruhigen, besinnlichen und fröhlichen Fest.

Der Vorschlag seines Freundes, des Marktamtsleiters Thomas Schlesinger, hatte ihn nachdenklich gestimmt. Prädiktive Polizeiarbeit, die Vorhersage eines Verbrechens und dessen Vereitelung im Ansatz, war eine faszinierende Theorie. Gleich nachdem der Weihnachtsbaum auf dem Striezelmarkt aufgestellt worden war, war er nach Hause geeilt, hatte Sportschau Sportschau sein lassen und sich im Internet über diese Kriminalitätsbekämpfungsmethode informiert. Und je mehr er darüber las, umso mehr wurde sein Interesse geweckt. Die Vorhersage des Verbrechens konnte der Schlüssel zu einem gedeihlichen und harmonischen Zusammenleben in der Gesellschaft sein. Sich in die Lage eines potenziellen Verbrechers hineinzuversetzen und ihm zuvorkommen, war eine vielversprechende Vision. Anlässlich des Striezelmarktes hatte er ein erstes Sicherheitskonzept erstellt, das sicherlich noch nicht ausgereift war. Ein Prototyp halt, der noch weiter verfeinert werden musste. So etwas wächst nicht über Nacht. Dass dieses Konzept aber bei seiner Vorstellung in der Führungsgruppe so sang- und klanglos untergehen würde, hätte er sich nicht träumen lassen. Dieter Hübzsch wusste gar nicht, welchem Mitglied dieser Runde er bei seinem Vortrag noch ins Gesicht schauen sollte. Überall las er aus den Mienen entweder Unverständnis, Ablehnung oder blankes Entsetzen heraus. Sie gaben ihm das Gefühl, ein übergeschnappter

Science-Fiction-Autor zu sein. Geistesgegenwärtig änderte er seinen Vortrag, bezeichnete seine Einleitung als kleine Lockerungsübung und gab dem Leiter Streifendienst das Wort. So hatte er zumindest sein Gesicht gewahrt. Der Kriminalitätsvorhersehung gehörte aber dennoch die Zukunft, da war er sich sicher. Außerdem wollte er sich gegenüber Thomas Schlesinger keine Blöße geben.

Das Telefon ertönte und riss ihn aus seinen Gedanken. Er stand immer noch am Fenster und schaute auf das gegenüberliegende Eckhaus, das einst vom Baumeister Pöppelmann erbaut und von einer Mätresse Augusts des Starken, Maria Aurora von Spiegel, genannt Fatima, bewohnt wurde und jetzt wieder im alten Glanz erstrahlte. Dieter Hübzsch ging zu seinem Schreibtisch und nahm den Hörer ab. Seine Sekretärin war dran.

„Hallo, Herr Hübzsch, ich habe Professor Mankowitz von der Polizeihochschule in der Leitung.“

„Sehr gut! Bitte stellen Sie durch!“

In vino veritas

Im Wein liegt bekanntermaßen nach Alkaios die Wahrheit. Das ist unstrittig. Allerdings wusste Aesop zu berichten, dass jede Wahrheit zwei Seiten hat. Deshalb sollte unbedingt der Rat von Werner Mitsch beherzigt werden: „Wer die Wahrheit im Wein finden will, darf die Suche nicht gleich beim ersten Glas aufgeben."

Chris Steiner fluchte. Die Striezelgasse vor ihm war verstopft. Ein zügiges Durchkommen mit seiner klapprigen Sackkarre, deren Ladung bis zu 100 Kilo wiegen konnte, war ausgeschlossen. Also, zurück auf Start und einmal um den Striezelmarkt herum. Damit kam aber der Zeitplan durcheinander, denn es handelte sich um ein ausgeklügeltes System. Der junge Polizeistudent stellte sich auf die Zehenspitzen, um vielleicht doch noch eine Lücke vor ihm zu entdecken. Aber die Gasse war einfach dicht. Die Menschen bewegten sich zu unterschiedlich. Da gab es die beiden Grundrichtungen hoch und runter, die von den Fußgängern in unterschiedlichem Tempo absolviert wurden. Weiterhin hatte Chris vier Verhaltensgruppen ausgemacht. Gruppe 1 blieb wie aus heiterem Himmel und unberechenbar stehen. Gruppe 2 formierte regelmäßig eine Traube und löste diese dann wieder auf. Gruppe 3 hatte selbst eine Karre dabei und ähnelte dann einer beweglichen Schikane. Und Gruppe 4 war die schlimmste von allen: Menschen, die im Zickzack alle Stände der Striezelgasse abliefen und somit immer wieder als Geisterfahrer fungierten. Als er der Vernunft gehorchend seine Sackkarre wendete, wäre er beinahe mit jemandem zusammengestoßen. Er wollte sich schon entschuldigen, als er sah, dass es sich um seine Kommilitonin Jana Ruhland handelte – im Kostüm eines Weihnachtsengels. Die hatte ihm noch gefehlt.

„Habe ich also doch richtig gesehen! Chris Steiner alias Tom Cruise! Glaube mir, du kannst dich noch so gut verkleiden, ich werde dich immer erkennen!"

„Glückwunsch, Sherlock! Darf ich bitte vorbei?“

„Hast du es eilig? Jetzt wäre doch ein guter Zeitpunkt, unsere gewonnenen Erkenntnisse auszutauschen. Professor Mankowitz wäre stolz auf uns.“ Da schwang jede Menge Selbstironie mit. Chris erinnerte sich an die entscheidende schwache Sekunde, die ihm das hier alles eingebrockt hatte. Und er fluchte noch mal.

Anfangs hatte alles sehr verlockend geklungen. Professor Mankowitz hatte bei Jana und ihm um eine freiwillige Teilnahme an einem Forschungsprojekt gebeten. Der Dozent für Kriminalistik an der Hochschule der Sächsischen Polizei galt in Deutschland als einer der führenden Forscher in der Richtung „Predictive Policing“, was auf Deutsch so viel wie „Vorhersagende Polizeiarbeit“ hieß. Er sammelte und analysierte alle möglichen Falldaten, um damit sein Modell für Verbrechensvorhersage zu füttern. Jana und Chris hatten hin und wieder für das Modell Datenpflege betrieben. Als Ergebnisse sollten sich Kriminalitäts-Hotspots oder soziale Brennpunkte herauskristallisieren, die dann von der Polizei vorzugsweise zu beachten wären. Zur Vorstellung des Projekts kam sogar extra der Revierleiter von Dresden-Mitte nach Rothenburg. Professor Mankowitz begrüßte Polizeidirektor Dieter Hübzsch überschwänglich und bat ihn, das Forschungsvorhaben zu präsentieren.

„In wenigen Tagen eröffnet der Striezelmarkt. Ein Großereignis, das bundesweit seinesgleichen sucht. Für die Polizei sind das in doppeltem Sinne Festtage. Denn wir müssen unser Bestes geben, dabei freundlich und wachsam sein. Und die Herausforderungen nehmen von Jahr zu Jahr zu. Mit Professor Mankowitz war ich mir einig, dass das Sicherheitskonzept des Striezelmarktes und dessen Umsetzung für eine wissenschaftliche Untersuchung sehr geeignet ist.“

„Ja, das stimmt", brachte sich der Professor ein, „obwohl die Bedingungen nicht optimal sind – so eine Untersuchung bedarf einer monatelangen Vorbereitung und Abstimmung unter allen Beteiligten –, haben wir uns gesagt, dass wir trotzdem starten und erste Erfahrungen noch in diesem Jahr sammeln wollen. Und zwar in Form einer diskreten Kontrollgruppe, wie wir es nennen. Aber, lieber Herr Hübzsch, fahren Sie fort."

„Wir betreten mit unserem Forschungsprojekt Neuland. Um nicht die gewohnten Abläufe zu beeinträchtigen, haben wir uns entschlossen, das Projekt nicht in die Sicherheitskonzeption einzubinden, sondern es unabhängig und geheim parallel zu etablieren."

„Was bedeutet ‚geheim'?", wollte Jana wissen.

„Nun, Frau Ruhland. Nur fünf Personen haben Kenntnis von dem Vorhaben. Die Hochschule erteilt Ihnen eine Vorlesungsbefreiung und wird diese Zeit als Praktikum anerkennen. Sie werden als Privatpersonen und nicht als Polizeibeamte auf dem Striezelmarkt agieren und im ersten Teil des Projekts Daten sammeln, die dann für den zweiten Teil aufbereitet werden. Im Idealfall können wir Hotspots identifizieren, die Sie dann näher beobachten werden. Am Ende steht die Auswertung, die möglicherweise ein interessantes Thema für Ihre Bachelorarbeit sein kann."

„Wer ist die fünfte Person?", hakte Chris nach.

„Entschuldigung, das habe ich vergessen. Ich habe den Marktamtsleiter gebeten, Ihnen auf dem Striezelmarkt Jobs zu vermitteln, bei denen Sie besonders gut Daten sammeln können. Herr Thomas Schlesinger ist der Fünfte im Bunde."

„Was für Daten sollen denn gesammelt werden?", fragte Jana.

„Es ist jetzt nicht nötig, zu sehr ins Detail zu gehen", übernahm Professor Mankowitz die Antwort, „kurz vor Beginn des Projekts werde ich Sie instruieren. Was Sie jetzt wissen müssen, ist, dass Sie eine Art Kontrollgruppe zum Sicherheitskonzept sein werden. Und was meinen Sie? Sind Sie dabei?"

Jana und Chris hatten in dieser schwachen Sekunde zugestimmt. Jetzt fragte sich Chris, wie er bei der ganzen Plackerei ein offenes Auge für kriminelle Aktivitäten haben oder Muster erkennen sollte? Auch blieb keine Zeit für irgendeine Form von Analyse. Und die erste Hälfte des Striezelmarktes war bald vorbei. Unverständlich war für ihn auch, dass der Kontakt zu den Kolleginnen und Kollegen des Polizeireviers Dresden-Mitte untersagt war, die mit der Mobilen Polizeiwache Striezelmarkt und mit regelmäßigen Streifendiensten präsent waren. Da hätte man mal einen guten Einblick in die Praxis bekommen. Anstatt also neue Erkenntnisse im Dienste der Wissenschaft zu sammeln, sammelte Chris Steiner in der Realität in Kisten verpackte Striezelmarkttassen, um diese auf einer klapprigen Sackkarre zwischen einer Glühweinbude und der Hochleistungswaschanlage an der Kreuzkirche hin- und herzubefördern. Und auch Jana Ruhland hatte nicht das große Los gezogen. Immerhin brauchte sie als rechte oder linke Hand des Weihnachtsmannes keine übermäßig anstrengende körperliche Arbeit zu verrichten und konnte sich auf dem ganzen Striezelmarkt verlustieren. Allerdings schweißten diese ungünstigen Rahmenbedingungen die beiden Polizeistudenten nicht zusammen. Anstatt sich gegenseitig zu unterstützen, stichelten sie gegeneinander. Kein Wunder, dass Chris genervt war:

„Keine Zeit! Im Gegensatz zu dir muss ich arbeiten."

„Aber wie soll das gehen? Arbeit kennst du ja als Wessi gar nicht."

„Bin kein Wessi."

„Bist du doch!"

„Ich bin genauso wie du in Dresden geboren."

Jana sah ihn mitleidig an.

„Ach, Chris. Das haben wir doch schon oft diskutiert. Deine Eltern stammen aus dem Westen. Damit gehörst du der schwierigen zweiten Generation an, deren Integration in die Gesellschaft sich in der Regel problematisch gestaltet. Du bist weder Fisch noch Fleisch. In der alten Heimat halten sie dich zwar für einen Ossi, aber hier schwimmst du wie ein Ölfleck auf der Elbe. Am besten kommst du in zwei Generationen noch mal wieder."

„Weißt du, Jana, ein bisschen Völkerwanderung könnte dir auch nicht schaden. Und jetzt mach endlich den Weg frei!"

Chris schnappte sich die Sackkarre und verschwand im Gewühl.

Seine Stimmung verbesserte sich einige Tage später, als er wegen eines Personalausfalls an einem Glühweinstand auf dem Striezelmarkt als „Mundschenk" eingeteilt wurde. Das war die Chance. In seiner neuen Tätigkeit hatte er direkten Kontakt mit den Besuchern und stand etwas erhöht, sodass er einen guten Rundblick haben würde.

Er konnte Informationen aufnehmen, die bei der Verbrechensvorhersehung nützlich sein konnten. Er wollte beweisen, was in ihm steckte. Und vielleicht konnte er seinem Vorbild Tom Cruise nacheifern, der im Film „Minority Report“ gezeigt hatte, wie moderne Polizeiarbeit funktioniert. Zu Beginn seiner Schicht am späten Nachmittag hatte Chris vom Winzer eine kleine Einweisung erhalten. Er konnte jetzt die verschiedenen Weine und Traubensäfte erklären und wusste um die Mixmöglichkeiten mit Säften und Spirituosen. Ebenso vertraut war ihm die Bedienung der Wärmebehälter sowie die Pfandeinnahme und -herausgabe. Mit diesem Wissen ausgestattet, fühlte sich Chris für sein Forschungsprojekt bestens gewappnet. Die Bilanz nach einer Stunde war jedoch ernüchternd. Er war die ganze Zeit beschäftigt und konnte auch keine Pause einlegen. Die Schlangen vor dem Glühweinstand rissen nicht ab. Interessant wurde es, als sich zwei Herren in den Vierzigern seitlich vom Stand an den Tresen setzten und offensichtlich beabsichtigten, länger zu bleiben, denn der eine, ein blonder Hüne mit schulterlangem, strähnigem Haar, das von einer Sonnenbrille gebändigt wurde, legte einen 50-Euro-Schein auf den Tresen.

„Meister, du schenkst uns jetzt so lange nach, bis der Schein aufgebraucht ist. Sag uns rechtzeitig Bescheid, damit wir nachlegen können.“

„Was soll's denn sein?“

„Wir fangen mal gemütlich mit eurem Roten an.“

„Ist recht!“

Als Chris mit zwei gut gefüllten, duftenden und dampfenden Tassen zurückkam, hatten die beiden einen Plan vom Striezelmarkt auseinandergefaltet. Dem jungen Polizeistudenten kam das merkwürdig vor.

„Welche Personen verfügten denn über einen solchen Plan, auf dem alle Buden, Stände und Bühnen eingezeichnet waren? Normale Besucher wohl kaum, und die offiziellen Vertreter müssten den nicht am Abend mit auf den Markt nehmen“, überlegte Chris. Er würde die beiden Männer im Auge behalten.

„Sag mal, du kennst dich doch aus?“, fragte der große Blonde.

Normalerweise ließ sich Chris ungern von Unbekannten duzen. Da war er altmodisch. Jetzt war es ihm nicht unrecht. Sollten sie ihn doch einbeziehen in ihre Absichten.

„Klar, um was geht's?“

„Wir suchen Stände, an denen echtes erzgebirgisches Kunsthandwerk angeboten wird. Also nichts Nachgemachtes. Und es kann auch ruhig teurer sein.“

Chris glaubte, nicht richtig gehört zu haben. Die beiden führten etwas im Schilde. Er beugte sich über den Plan und markierte mit einem Stift einige der infrage kommenden Stände.

„Es kommen doch auch Promis auf den Striezelmarkt. Haste schon mal einen gesehen? Nee, nicht? Und andere reiche Leute? So Manager, Oligarchen, Schlagersänger, Spielerfrauen. In welchem Hotel steigen die denn ab?“

„Jetzt werden sie redselig“, dachte sich Chris. Ob es am Genuss der mittlerweile dritten Tasse Glühwein lag? Er würde die Taktzahl erhöhen. Und am besten heimlich Hochprozentiges dazukippen. Die beiden sollen sich ruhig um Kopf und Kragen reden. Wichtig war nur, dass er gerichtsfeste Beweise sicherte.

„Was kaufen die denn hier so auf dem Striezelmarkt? Gibt es da einen bestimmten Trend? Zahlen die alles in bar? Auch in Rubel? Oder müssen die alles in den Striezelmarkttaler umtauschen?“, waren die nächsten Fragen.

Der Winzer kam in die Ecke vom Stand: „Hey du, du musst auch die anderen Kunden bedienen."

„Alles klar, der Junge ist in Ordnung", versuchte der große Blonde den Winzer zu besänftigen.

Als Chris die nächste Runde brachte, belief sich das heimliche Mischungsverhältnis Glühwein zu Spirituosen auf 2:1. Der Kumpel vom Blonden, einen Kopf kleiner, mit Elf-Tage-Bart und kesser Schiebermütze, telefonierte: „Ja, wir brauchen noch einen zweiten Mann. Doch, doch, das lohnt sich. Wenn ich es doch sage!"

„Der Plan steht offensichtlich. Jetzt werden die Spezialisten angeheuert. Ob die schon in der Stadt waren?", überlegte der Student.

„2:30, 2:30, länger nicht! Ansonsten fliegen wir auf!"

Jetzt war Chris alles klar. Länger als 2 Minuten und 30 Sekunden durfte der Raub nicht dauern. Da waren Profis am Werk! Es war jetzt wichtig, die Ganoven zu stoppen, bevor sie ihren perfiden Plan in die Realität umsetzen konnten. Ungünstig war, dass er vergessen hatte, sein Handy aufzuladen. Die Ladung des Akkus war im einstelligen Bereich angekommen. Außerdem war der Speicher fast voll. Kein Platz für weitere Fotos oder eine Aufnahme auf dem Diktiergerät. Die Polizei konnte er auch nicht rufen, er war doch undercover unterwegs. Wo war Jana, wenn man sie einmal brauchte? Wahrscheinlich war sie längst zu Hause und bereitete ihr Lieblingsessen vor. Borschtsch oder

Soljanka oder Bœuf Stroganoff. Oder sie tanzte Kasatschok zu den Klängen einer Balalaika.

„Hey du, steh nicht rum. Mach dich nützlich!“

Am liebsten hätte Chris dem Winzer mit seinem Insiderwissen das Ordnungsamt auf den Hals gehetzt, aber er durfte das Forschungsprojekt nicht gefährden. Es blieb nur ein Ausweg: Er musste die beiden mit Alkohol kampf- und bewegungsunfähig machen. Er erhöhte noch mal den Spirituosenanteil und gab noch etwas Zucker dazu, damit es seinen beiden Kunden besser schmeckte.

„Wohl bekomm's, die Herren. Wollen Sie noch mal etwas drauflegen? Ansonsten war das jetzt die letzte Runde!“

„Junge, du gehst ja ran wie Blücher an der Katzbach. Großartig! Dich müssten wir zu unserer Weihnachtsfeier einladen!“, ergriff die Schiebermütze das Wort.

„Jaja, auch die Räuber feiern Weihnachten“, schmunzelte Chris innerlich.

„Das Zeug hat's in sich. Einen nehmen wir noch, oder? Aber wir zahlen ab jetzt nicht mehr im Voraus!“, nuschelte der große Blonde.

„Darf's mit Schuss sein?“

Beide nickten. Bingo! Diese Zustimmung ermutigte Chris, das Verhältnis auf 1:1 zu setzen. Als er die Getränke ausreichte, schnappte er folgende Wortfetzen auf: „… die Merkel, die räuchern wir aus … und dem Drosten, dem heizen wir ein …“ Jetzt wurde dem Polizeistudenten die ganze Dimension des kriminellen Planes bewusst. Es han-

delte sich um politisch motivierte Verbrecher, die Brandanschläge auf Politiker und Corona-Akteure verüben wollten. Das war jetzt eine Sache für den Staatsschutz. Was sollte er tun? Es war keine Polizeistreife zu sehen, nicht mal Jana. Chris war klar, dass er auf sich allein gestellt war – und griff zu einer Flasche Wodka, die er im Lager gesehen hatte. Russischer Wodka mit gut 50 Umdrehungen. Gut gelaunt trat er an seine Lieblingskunden heran, die gerade mit hochroten Köpfen über irgendetwas kicherten.

„Na, die Herren? Darf's zum Abschluss noch ein Shot sein? Geht aufs Haus!"

„Guter Junge, das ist dann aber der letzte", stotterte die Schiebermütze.

„Das ist nicht eure Entscheidung", dachte sich Chris und reichte den Wodka in Saftgläsern.

„Das soll ein Shot sein?", staunte der große Blonde und schaute grinsend über seine Sonnenbrille, die mittlerweile auf seiner Nase gelandet war, Chris an.

„Na, komm. Nicht lang schnacken, hihi", griff sein Kumpel beherzt zu und führte das Glas an seine Lippen, „hau weg den Scheiß!"

Während der große Blonde nach dem ersten Schluck angewidert das Glas absetzte und sich dann die Hand vor den Mund hielt, trank die Schiebermütze rekordverdächtig das Saftglas aus, setzte es ab und fiel mit dem Kopf auf den Tresen. Der große Blonde fing an zu lachen und übergab sich in hohem Bogen. Die Schiebermütze röchelte nur noch. Panik ergriff Chris. Er hob den Kopf an und tätschelte die rechte Wange – ohne Erfolg, die Schiebermütze kam nicht zu sich. Der Winzer kam in die Ecke.

„Was ist passiert? Was haben die denn getrunken?"

Chris zeigte auf die Flasche. „Oh, mein Gott! Bist du bescheuert? Die steht doch extra im Lager!"

In dem Moment rauschte Weihnachtsengel Jana heran, umfasste den bewusstlosen Kunden und legte ihn auf den Boden. „Ist ein Arzt hier?", rief sie in die neugierige Menge, die sich gebildet hatte, und brachte die Schiebermütze in eine stabile Seitenlage. Dann prüfte sie die Atemwege und fühlte den Puls. Vorsichtshalber begann sie mit einer Mund-zu-Mund-Beatmung. Kurz darauf öffnete die Schiebermütze wieder die Augen. Als er Jana in ihrer Kostümierung sah, fragte er selig: „Bin ich schon im Himmel?"

Intermezzo 2

Revierleiter Dieter Hübzsch schwieg. Das fühlte sich für Chris Steiner wie die größtmögliche Strafe an. Ein reinigendes Gewitter mit ordentlichen Blitzen und knallendem Donner wäre ihm lieber gewesen. Sie hatten sich nach dem Strietzelmarkt-Ereignis noch in einem Lokal getroffen. Jana Ruhland saß neben dem Unglücksraben.

„Es ist wohl meine Schuld. Möglicherweise habe ich Sie unzureichend auf diese Aufgabe eingestellt. Das tut mir leid. Als Konsequenz ziehe ich Sie beide vom Striezelmarkt ab. Ihren weiteren Aufenthalt dort könnte ich niemandem vermitteln, ohne von dem Forschungsprojekt erzählen zu müssen. Wir können froh sein, dass niemand ernsthaft zu Schaden gekommen ist und der Winzer bemüht ist, den Vorfall vergessen zu machen. Eventuell lässt der Marktamtsleiter ihn beim großen Glühwein-Test in diesem Jahr gewinnen, dann dürften die Wogen geglättet sein. Und noch eine gute Nachricht für Sie, Herr Steiner, die Reporter vom MDR-Fernsehen werden keine Anzeige erstatten. Für ihre geplante Reportage über den Striezelmarkt wird die Pressestelle der Polizeidirektion jedoch einige exklusive Einblicke in ihre Arbeit ermöglichen. Übrigens, manche erzgebirgische Kunsthandwerker stellen besondere Räuchermännchen her, darunter auch die ehemalige Bundeskanzlerin Angela Merkel und den Virologen Christian Drosten. Vielleicht ist Ihnen das entgangen?“

„Und wo sollen wir weiter am Forschungsprojekt arbeiten?“, fragte Jana energisch nach. Sie fühlte sich zu unrecht bestraft und wollte nicht die Flinte ins Korn werfen.

„Das muss ich noch mit Professor Mankowitz und dem Marktamtsleiter besprechen. Haben Sie sonst noch Fragen?“

Als das nicht der Fall war, stand der Revierleiter auf und verabschiedete sich.

Am Morgen:

Wie fröhlich bin ich aufgewacht,
wie hab ich geschlafen so sanft die Nacht!
Hab Dank, du Vater im Himmel mein,
daß du hast wollen bei mir sein.
Behüte mich auch diesen Tag,
daß mir kein Leid geschehen mag. Amen.

Herr Christ, leit meines Lebens Lauf.
Dein bin ich worden in der Tauf',
dein will ich bleiben für und für.
Mach mir einst auf die Himmelstür. Amen.

Vor dem Essen:

Komm, Herr Jesu, sei unser Gast
und segne, was du uns bescheret hast. Amen.

Zwei Dinge, Herr, sind not,
die gib nach deiner Huld.
Gib uns das täglich Brot,
vergib uns unsre Schuld! Amen.

Nach dem Essen:

Alle guten Gaben,
alles, was wir haben,
kommt, o Gott, von dir,
wir danken dir dafür! Amen.

Laß mich dein sein und bleiben

**Laß mich dein sein und bleiben, du treuer Gott und Herr,
von dir laß mich nichts treiben, halt mich bei deiner Lehr.
Herr, laß mich nur nicht wanken, gib mir Beständigkeit;
dafür will ich dir danken in alle Ewigkeit.** Amen

Nikolaus Selnecker
EKG 140 EG 157

Führe mich, o Herr, und leite
meinen Gang nach deinem Wort;
sei und bleibe du auch heute
mein Beschützer und mein Hort.
Nirgends als bei dir allein
kann ich recht bewahret sein. Amen

Heinrich Albert; Evangelisches Gesangbuch Nr. 445

Am Abend:

Lieber Gott, kannst alles geben,
gib auch, was ich bitte nun:
Schütze diese Nacht mein Leben,
laß mich sanft und sicher ruhn!
Sieh auch von dem Himmel nieder
auf die lieben Eltern mein,
laß uns alle Morgen wieder
fröhlich und dir dankbar sein. Amen.

„Das ist alles deine Schuld!“, Jana konnte sich nicht beruhigen. Den ganzen Weg über schimpfte sie vor sich hin, während Chris ihr wie ein begossener Pudel mit etwas Abstand folgte. Schließlich blieb sie stehen.

„Was soll das werden? Wir sind zu einer Zivilstreife eingeteilt und sollen uns wie ein Liebespaar verhalten. Wenn du so hinter mir her schleichst, wirst du noch als Sittenstrolch verhaftet. Was vielleicht nicht das Schlechteste wäre?“

Es war Tag 1 nach der Änderung des Forschungsprojekts. Der Striezelmarkt war fortan tabu. Jana und Chris sollten so lange zwischen den Weihnachtsmärkten patrouillieren, bis Thomas Schlesinger neue Jobs für sie gefunden hatte. Zumindest war die Route eine der schönsten, die man sich wünschen konnte: Brühlsche Terrasse – Georg-Treu-Platz – Neumarkt – Zwinger – Theaterplatz – Schlossplatz, und dann wieder von vorne. Vorbei an allen Glanzpunkten von Elbflorenz. Jana empfand diese Zivilstreife als Strafaktion, die ihr der liebe Kollege mit seiner dilettantischen Art eingebrockt hatte. Trotz ihres Zorns hakte sich Jana bei Chris unter. Schließlich lautete ihre Legende „Liebespaar“. Als sie kurz nach Mitternacht am Ende der Sporergasse auf die Schloßstraße trafen, sah Jana ein flackerndes Licht in der Verbindungsbrücke zwischen dem Schloss und dem Taschenbergpalais. Erst meinte sie, sich getäuscht zu haben. Aber dann tauchte es wieder auf. Und auch Chris bemerkte es: „Was ist das?“

„Besser doch: Wer ist das? So spät in der Nacht? Doch nicht schon wieder Einbrecher?“

„Was sollen wir tun?“

„Wir rufen den Revierleiter an und sagen ihm, dass wir verdächtige Aktivitäten im Schloss festgestellt haben.“

Dieter Hübzsch stand senkrecht im Bett.

„Sind Sie sicher? Gut! Beobachten Sie das Schloss. So lange, bis die Funkstreifenwagen eintreffen! Achten Sie auf Ausgänge und Fenster oder ob irgendwo ein Pkw verdächtig herumsteht! Wir kommen!“

Sieben Minuten später stand ein halbes Dutzend Funkstreifenwagen um das Schloss herum. Der Sicherheitsdienst des Schlosses und Mitarbeiter des Kempinski-Hotels, das sich im Taschenbergpalais befand, kontrollierten, ob sich jemand unberechtigterweise Zugang zu den beiden Gebäuden verschafft hatte. Schließlich wurden auch die Innenräume des Schlosses abgesucht. Allgemein schätzten die Sicherheitsleute es aber als sehr unwahrscheinlich ein, dass ein Licht in der Verbindungsbrücke geleuchtet haben sollte, weil dieser Gang heutzutage nicht mehr benutzt wird und entsprechend umgebaut wurde. Es könnte sich eher um eine Spiegelung in den Glasscheiben gehandelt haben, als ein Pkw vorbeigefahren war.

„Unsinn! Da war kein Auto weit und breit. Und Chris hat es doch auch gesehen. Jetzt sag doch was!"

Die beiden Männer schwiegen und drängten Jana damit, weiterzureden: „Herr Hübzsch, ich schwöre Ihnen, dass da etwas war. Ich bin doch nicht übergeschnappt!"

„Entschuldigung", eine Passantin hatte sich den drei Polizisten genähert, „ich habe den Einsatz verfolgt und jetzt gehört, über was Sie sprechen. Ich weiß, warum Sie ein Licht gesehen haben. Es ist das Herz von August dem Starken!"

Die drei schauten die Frau entgeistert an.

Die Frau stellte sich als Sylvia König vor, die auf dem Mittelalter-Weihnachtsmarkt im Stallhof als Wahrsagerin arbeitete.

„Ich hoffe, Sie halten mich jetzt aufgrund meines Berufs nicht schon von vornherein für durchgedreht. Sicherlich habe ich ein besonderes Gespür für Übersinnliches. Aber der Ort und die Zeit, an dem das Licht aufgetaucht ist, lässt gar keine andere Schlussfolgerung zu", sagte die Wahrsagerin bestimmt.

„Moment. Der Ort kann es doch nicht sein. Das Herz von August dem Starken ruht in einer silbernen Kapsel in der Wettiner-Gruft in der Hofkirche, also auf der anderen Seite des Schlosses. Und zur Zeit Augusts gab es gar keine Verbindungsbrücke. Die wurde erst Ende des 19. Jahrhunderts errichtet", entgegnete Dieter Hübzsch.

„Das stimmt. Aber als August der Starke gestorben ist, gab es noch keine Hofkirche. Die Bauarbeiten begannen erst nach seinem Tod. Deshalb hatte der König das Opernhaus am Taschenberg zu einer katholischen Hofkapelle umbauen lassen. Dort wurde das Herz so lange aufbewahrt, bis die Hofkirche fertiggestellt war."

„Und was hat es mit der Zeit auf sich? Mitternacht? Geisterstunde?", wollte Chris wissen.

„Nein, heute ist der 7. Dezember. An diesem Tag wurde August auf Constantia, die spätere Gräfin Cosel, aufmerksam, als deren Palais abbrannte. Sie war die große Liebe seines Lebens. Die ganze Tragik dieser Liebesbeziehung drückt sich in dieser Herz-Suche aus. August sucht Constantia!"

„Das meinen Sie wirklich ernst?", Jana war fassungslos.

„Du musst nur fest daran glauben."

Feuer und Flamme

„Niemand darf Seine Majestät in diesem Zustand sehen! Auch Fürstenberg und Flemming nicht!“

„Sehr wohl, Herr.“

„Bei deinem Leben!“

„Ist schon recht, Herr.“

Ich, Friedrich Vitzthum von Eckstädt, gebe hiermit Zeugnis darüber, wie es sich einst im Dezember Anno Domini 1704 wahrhaftig zugetragen hat, als sich Seine Majestät August II., König von Polen und Großherzog von Litauen sowie als Friedrich August I. Kurfürst von Sachsen, in Gräfin Anna Constantia von Hoym verliebte. Der Inhalt ist streng geheim und kann, sollte er in falsche Hände geraten, zu Verwicklungen ungeahnten Ausmaßes führen. Deshalb verfüge ich in meinem Rang als Oberkammerherr Seiner Majestät, dass dieses Dokument erst 300 Jahre nach meinem Ableben publiziert werden darf.

Wir trafen gestern erst spät in der Nacht in Dresden ein. Erschöpft und gezeichnet von einer wochenlangen Tour kreuz und quer durch Polen. Manch einer sprach hinterher von einer Tortur. Immer wieder mussten wir, von Krakau aufbrechend, Umwege auf uns nehmen, um nicht dem Feind in die Hände zu fallen. Augusts schwedischer Vetter Karl XII. erwies sich als unerbittlicher Gegner. Kaum hatten wir zur Jahresmitte Warschau wieder eingenommen, machte er mit seinen Truppen kehrt, um die polnische Hauptstadt erneut unter seine Kontrolle zu bringen. August stellte sodann sämtliche sächsischen Truppen unter den Befehl des Generals von der Schulenburg und suchte sein Heil in einem weisen Rückzug. Das war absolut geboten, denn der polnische Adel hatte zwischenzeitlich mit Karls Wohlwollen einen Gegenkönig erkoren. Die Schlacht bei Punitz Anfang des Monats brachte keinen Umschwung des bisherigen Kriegsverlaufs.

General von der Schulenburg gelang es zwar trotz sicherlich zu beklagender Verluste, dem schwedischen Ansturm standzuhalten und die sächsischen Truppen geordnet nach Sachsen zurückzuziehen, dafür konnte er aber für Seine Majestät und den Hofstaat nicht den Weg in die sächsische Residenzstadt absichern. Ständig mussten wir somit Ausschau nach schwedischen Häschern halten.

Das Wetter war regnerisch, die Wege schlammig, die Kutschen unbequem, die Verpflegung miserabel, die Aussichten düster. Kein Wunder, dass Seine Majestät die meiste Zeit auf der Reise schwieg und teilnahmslos aus dem Fenster der Kutsche starrte. Ich vermochte bei ihm keinen Zorn mehr auf den polnischen Adel zu erkennen, der ihn so schmachvoll im Stich gelassen hatte. Auch verflog sein Spott über die geringe Kampfmoral seiner Truppen mit jeder Meile, die wir zurücklegten. Die Wut auf Zar Peter, seinen sogenannten Verbündeten, hatte sich gelegt. Bei Ankunft in seinem Schloss sprach der König kein Wort und zog sich unmittelbar in sein Gemach zurück. Ich befahl dem Diener, keine Menschenseele in seine Nähe zu lassen, und nahm mir vor, am Morgen nach Seiner Majestät zu schauen.

Ich machte mir Sorgen um König August, um meinen Freund Friedrich, dem ich seit Kindestagen an verbunden war. Ich spürte, dass sein größter Feind wieder von ihm Besitz ergriffen hatte. Es handelte sich dabei nicht um den schwedischen König oder irgendwelche unzufriedenen polnischen oder sächsischen Adligen, sondern um seinen Selbstzweifel, der sich in guten Tagen tief verbergen ließ und

in schlechten Tagen dominant und rücksichtslos auftrat. Es waren schlechte, sehr schlechte Tage. Als an Schlaf nicht mehr zu denken war, malte ich den Rest der Nacht den Teufel an die Wand, zermarterte mir das Hirn darüber, was in welchem Falle zu tun oder zu lassen sei, und richtete mehrere Stoßgebete gen Himmel. Ich hoffte inständig, dass Friedrich sich die momentane missliche Lage nicht zu sehr zu Herzen nahm und dass die Rückkehr in die Heimat in ihm neue Kräfte freisetzte. Nicht auszudenken, wenn eine Menschenseele des bemitleidenswerten Zustandes gewahr wurde. Die illustre Gesellschaft des Hofes, vor allem der politische Salon der Gräfin Reuß, würde sich das blaublütige Maul zerreißen. Darin pflichtete mir meine Gemahlin Rahel Charlotte bei, der ich mich in dieser Nacht anvertraut hatte. Die Kunde von der Indisposition würde sich wie ein Lauffeuer von Paris über Wien und Berlin bis nach Warschau weiterverbreiten. Das Bild des strahlenden, mitunter waghalsigen, aber siegesgewissen Helden wäre auf alle Zeit beschädigt, die polnische Königskrone wohl für immer verloren. Der schwedische Feind möglicherweise motiviert, das Winterlager bei Posen abzubrechen und über die Oder in das Kurfürstentum einzufallen. Die sächsischen Missgünstlinge eventuell ermuntert, sich gegen die Wettiner zu erheben. Mir, Vitzthum, war klar, dass die Macht der Familie wie ein Kartenhaus in sich zusammenfallen konnte.

Zunächst versicherte ich mich bei meiner Ankunft im Schloss, dass tatsächlich niemand über Nacht Zugang zu Seiner Majestät gefunden hatte. Als der Diener dies bejahte, verlangte ich, dass nach dem Leibarzt geschickt wurde. Als ich das königliche Gemach betrat, mussten sich meine Augen an die Dunkelheit gewöhnen. Die Vorhänge waren zugezogen, sodass der Raum nur spärlich von der letzten, noch nicht heruntergebrannten Kerze beleuchtet wurde. Das Feuer im Kamin brannte auf kleiner Flamme. Die Karaffe mit Wein und die Teller mit

Brot, Käse und Weintrauben waren nicht angerührt worden. Der König lag auf dem Chaiselongue und starrte an die Decke.

„Eure Majestät?"

Keine Reaktion.

„August?"

Nichts.

„Friedrich!"

Ich nahm mir einen Stuhl und stellte diesen nah an die Liege. Friedrich bewegte leicht den Kopf.

„Hast du geschlafen?", fragte ich ihn beim Hinsetzen.

„Kaum", antwortete er leise.

„Soll ich mehr Licht machen?"

„Nein."

„Grübelst du wieder?"

Keine Antwort.

„Das ist nicht gut. Du darfst dich nicht von den Geistern der Vergangenheit verrückt machen lassen."

Ich war mir nicht sicher, ob er überhaupt begriff, was ich sagte.

„Es ist nichts verloren. Das weißt du. Es ist Winter. Die Schweden werden weit entfernt in ihrem Quartier ausharren. Sie werden es nicht riskieren, in Sachsen einzufallen. Das gibt uns Zeit. Zeit, uns neu aufzustellen und den Rückschlag vorzubereiten."

„Wozu?"

„Wozu was?"

„Wozu ist das noch sinnvoll?"

Der König schaute mich unverwandt an. Dann redete er ohne Unterlass: „Es war doch sein Plan. Sein verdammter Plan. Er wollte König von Polen werden. Nicht ich. Ich wollte nicht mal Kurfürst werden. Und jetzt? Jetzt ist er seit zehn Jahren tot. Und ich habe ihn einfach ersetzt. Ich bin einfach an seine Stelle getreten, habe seinen Plan von der polnischen Königskrone übernommen. Habe mich von blindem Ehrgeiz leiten lassen. Und was ist passiert? Ich bin ein König ohne Land. Der polnische Adel hat einen neuen König gewählt, der von Karl protegiert wird. Die Schweden haben große Teile Polens besetzt und mich aus der Hauptstadt vertrieben. Ich stand sogar kurz davor, das Warschauer Schloss niederzubrennen. Ich habe für den Plan meines Bruders den katholischen Glauben angenommen, mich deshalb von meiner Gemahlin und dem Kronprinzen entfernt und das Volk gegen mich aufgebracht. Sie verstehen mich nicht. Sie verstehen nicht, warum ich das alles getan habe. Es heißt, dass ich als der unbeliebteste Herrscher in die sächsische Geschichte eingehen werde. Sie werfen mir Maßlosigkeit und Prunksucht und Größenwahn vor. Sie werfen mir vor, dass ich meine Untertanen auspresse wie eine Zitrone und ihnen ihre Söhne wegrekrutieren lasse, damit sie in einem sinnlosen Krieg irgendwo in der Ferne elendig sterben. Sie hassen mich. Jetzt sag du mir, wozu das alles gut sein soll?“

Ich kannte diese Momente, in denen Friedrich mit dem Schicksal haderte, in denen ihn der Mut verließ, in denen er besser nicht allein gelassen werden sollte. Die Bürde der Königskrone offenbarte immer öfter diesen nachdenklichen, bis fast selbstzerstörerischen Charakterzug. Dieser bohrende Selbstzweifel durfte nicht die Oberhand über ihn gewinnen.

„Hast du von ihm geträumt?“

„Ja.“

„Was war das für ein Traum?“

„Ich stand in der Fürstengruft. An einem offenen Zinnsarg. Es war sein Sarg. Johann Georg lag aufgebahrt mit gefalteten Händen in diesem Sarg. Er sah mich durchdringend an und richtete sich auf. Er streckte mir seine Hand entgegen und sagte: ‚Komm! Friedrich August, komm!‘“

„Ein Albtraum. Verständlich, nach allem, was du durchgemacht hast. Kein Grund zur Beunruhigung.“

„Das war kein Albtraum. Im Gegenteil, es war hell und warm. Ich fühlte mich friedlich und geborgen. Der Traum versprach einen Ausweg, eine Erfüllung. Johann Georg erschien mir nicht als bösartiger Geist, vor dem man sich in Acht nehmen sollte, und auch nicht als brüderlicher Rivale. Er erschien mir als tröstender Freund. Wenn das der Tod ist, warum sollte ich ihn nicht mit Vergnügen annehmen?“

„Friedrich! Ein ernstes Wort. Du trägst keine Schuld an Johann Georgs Tod. Er hat keine Macht über dich. Es war einzig und allein sein Fehler und zeigt, wie verfallen er seiner Mätresse, dieser Neitschütz, war. Warum musste er sie auf dem Totenbett küssen und dann genauso an Pocken sterben? Hast du dich eigentlich nie gefragt, warum du die Pockenplage überlebt hast und Johann Georg nicht? Das war ein Zeichen

Gottes. Du bist der Auserwählte. Das Schicksal hat dich als Führer des sächsischen Volks bestimmt."

Es klopfte. Ich ging zur Tür und öffnete sie einen Spalt. Der Leibarzt war zur Stelle. Ich ließ ihn ein. Ein loyaler Mann, der auch auf der Kavalierstour dabei gewesen war.

„Seine Majestät hat wieder einen Anfall. Geben Sie ihm etwas zur Beruhigung! Am besten von dem Baldrian und dem Johanniskraut."

Der Arzt nickte und ging zum König.

Ich gab dem Diener ein Zeichen, dass er von der Rückseite des Kamins das Feuer neu entfachen sollte, und schloss die Tür. Das Gespräch konnte ich nicht vernünftig einordnen. Welchen Einfluss hatte der Traum? Was bedeutete das Gerede vom Tod, den man mit Vergnügen annehmen könnte? Ich spürte, dass es an mir lag, Friedrich auf andere Gedanken zu bringen, ihn aufzumuntern und ihm neue Lebensfreude zu vermitteln. Schließlich kannte niemand den Monarchen besser als ich, niemand hatte ihn in den letzten zwanzig Jahren so unverstellt erlebt. Von der Kavalierstour, bei der ich Friedrich durch halb Europa als sein Leibpage begleiten durfte, über die Schlachten, bei denen der Wettiner die kursächsischen Truppen befehligte, bis hin zu den täglichen Regierungsgeschäften in Warschau und Dresden.

Der Leibarzt klappte seinen Koffer zu.

„Nun?"

„Ich kann bei Seiner Majestät keine äußerlichen Symptome feststellen. Die Beschwerden scheinen rein psychischer Natur zu sein. Ich habe ihm deshalb nichts verabreicht. Er sollte unbedingt regelmäßig, aber maßvoll essen und trinken. Er sollte aufstehen und sich bewegen. Bringet ihn auf andere, heitere Gedanken", und nach einer Pause: „der Wirklich Geheime Rat von Flemming hat sich nach Seiner Majestät erkundigt. Was soll ich ihm ausrichten?"

„Seine Majestät werden morgen die Regierungsgeschäfte wieder aufnehmen. Flemming solle sich gründlichst darauf vorbereiten."

Ich ließ den Diener einfache, aber warme Kleidung bringen. Ein weiter, schwarzer Umhang, ein großkrempiger Hut und ein langer Schal, der das Gesicht bedeckte, sollten das Antlitz und die Statur Augusts so weit verhüllen, dass er unerkannt blieb und sich frei bewegen konnte. Durch einen Seiteneingang des Schlosses gelangten wir um die Mittagszeit auf die Straße. Meine Stellung am Hofe ermöglichte es uns, die Tore zur Elbbrücke ohne längeren Aufenthalt oder Untersuchung zu passieren. An der Elbe war es kalt und diesig. Händler und Bauern warteten mit ihren Karren auf Einlass. Das Ende ihrer kleinen Karawane verschwand irgendwo auf der Brücke im Nebel. Altendresden auf der anderen Uferseite war nicht auszumachen. Vom Fluss hörten wir die Rufe der Treidler, die stromaufwärts Kähne und Flöße zogen.

Friedrich hielt auf dem höchsten Punkt der Brücke und lehnte sich über die steinerne Brüstung.

„Was wäre, wenn ich jetzt spränge?"

Vorsichtshalber ergriff ich seinen Arm.

„Majestät werden ans Ufer schwimmen, sich verkühlen und einen Schnupfen holen."

Friedrich drehte sich zu mir um und wirkte verzweifelt.

„Verstehst du mich nicht? Ich bin des Lebens müde. Ich bin des Regierens und des Kriegführens überdrüssig. Ich wünsche mir Frieden, den Völkern und mir selbst. Und vielleicht ist mein Tod ein Weg hin zum Frieden – für alle?"

„Das ist eine ebenso gewagte wie falsche Behauptung!"

„Ich empfinde mein Leben als eine Aneinanderreihung von Katastrophen und Fehlern. Ich habe dieses privilegierte Leben nicht verdient. Karl bezeichnet mich zu Recht als Feigling, weil ich nicht an vorderster Front kämpfe wie er. Und Zar Peter hält mich für einen naiven und unnützen Regenten. Während er bereits sein Kriegsziel erreicht hat, indem Russland wieder über einen Zugang zur Ostsee verfügt, musste ich aus meinem Königreich flüchten."

„Hör auf, so zu denken und zu sprechen. Das ist deiner unwürdig. Du begehst einen Frevel!"

„Glaube mir, es ist für die Menschheit besser, wenn ich tot bin. Ich bin gefährlich."

„Du bist ein Segen für das sächsische und das polnische Volk! Lass uns weitergehen!"

„Ich kann, und ich will nicht weitergehen."

„Warum nicht?"

„Du weißt nicht alles über mich. Ich habe Schuld auf mich geladen."

Das überraschte mich. Was sollte ich nicht über ihn wissen? Welches Geheimnis hatte er vor mir?

„Woran bist du schuld?"

Dem König fiel es sichtlich schwer, darüber zu sprechen.

„Schwöre, dass du das, was ich dir jetzt sage, für dich behältst!"

„Ich schwöre."

„Meine amourösen Umtriebe waren nicht der einzige Grund, weswegen mich mein Vater auf die Kavalierstour geschickt hat", er stockte, „es hatte auch mit dem Großen Brand in Altendresden zu tun."

„Um Himmels willen! Was hattest du damit zu tun?"

„Es war eine Mutprobe, die Johann Georg von mir verlangt hat. Wir waren im Haus des Kunsttischlers Tobias Edler, als das Feuer ausbrach."

„Ihr wart am Unglücksort? Gott sei Dank ist euch nichts passiert! Was habt ihr nur gemacht?"

„Das kann ich dir nicht sagen. Es gibt keine Entschuldigung. Und vielleicht wäre der Tod in den Flammen eine gerechte Strafe gewesen!"

„Was hast du getan?"

„Du weißt, dass ich eine besondere Beziehung zum Feuer habe. Mich fasziniert der Fackelschein und die Illumination, aber auch die gestalterische Kraft."

„Gestalterische Kraft? Was meinst du in Herrgotts Namen? Du redest wirr!"

„Vor drei Jahren. Der Schlossbrand."

„Warst du etwa daran beteiligt? Das halbe Schloss ist zerstört worden."

„Es erschien mir die einzige Möglichkeit zu sein, dass die Stände finanzielle Mittel für einen Umbau des Schlosses genehmigen. Verstehst du jetzt, dass ich eine Gefahr bin?"

„Hör auf! Ich will davon nichts mehr hören!"

Ich war wütend und aufgebracht. Ich wusste nicht, ob er die Wahrheit sprach oder ihm im Traum eine Vision ereilt hatte. Ich packte diesen viel größeren und viel schwereren Mann am Kragen seines Mantels und zog ihn in Richtung Altendresden. Friedrich ließ es geschehen und stolperte mit. Als wir den Ort sahen oder vielmehr das,

was nach diesem Brand davon übrig geblieben und noch nicht wieder aufgebaut war, blieb ich stehen.

„Schau es dir an! Schau dir genau an, was du angerichtet hast! Und du willst dich jetzt davonstehlen wie ein räudiger Hund? Das nenne ich feige. Du wirst Altendresden wieder aufbauen. Schöner und königlicher als jemals zuvor. Und was soll aus dem Kronprinzen werden? Willst du dessen Erziehung der Kurfürstin überlassen? Wie soll er denn Sachsen führen, wenn du jetzt zu deinem Bruder gehst? Was wäre das für ein unglückseliger Beginn, um seine kurfürstlichen Pflichten wahrzunehmen? Er braucht seinen Vater. Und denke an deine drei anderen Söhne! Auch für deren Leben trägst du Verantwortung!"

„Drei? Drei weitere Söhne?"

„Ja, die Reichsfürstin von Teschen gebar im Sommer einen Sohn, den du noch nicht gesehen hast."

„Ach ja, und er ist tatsächlich von mir?"

Ich schaute Friedrich streng an. Beliebte Majestät zu scherzen?

„Soll ich ein Treffen arrangieren?"

„Nein, besser nicht. Ich fürchte, ich werde der Teschen noch früh genug begegnen. Mir steht der Sinn auch nicht mehr nach ihr. Sie erinnert mich zu sehr an die polnische Krone, an die polnische Dornenkrone. Das deprimiert mich."

Da lag der Hase also im Pfeffer. Warum bin ich nicht früher darauf gekommen? Das weibliche Geschlecht war sein Lebenselixier und zugleich die beste Medizin. Wenn sich bei mir in den Diensten Friedrichs ein Talent besonders gut entwickelt hatte, dann war das das Talent des „Postillon d'Amour". Als Liebesbote stellte ich Amor in den Schatten. Meine Pfeile trafen immer und überall. Darauf konnte ich vertrauen.

„Friedrich, du weißt, dass du nur schlecht allein sein kannst. Du brauchst eine Gefährtin, die die Reichsfürstin von Teschen offensichtlich nicht mehr sein kann. Soll ich Oberstleutnant von Spiegel bitten, seine Gemahlin ins Schloss zu einem Rendezvous zu schicken?"

„Nein, das möchte ich nicht. Ich möchte niemanden empfangen, schon gar nicht zu einem Rendezvous!"

Mit diesen Worten drehte er sich um und ging zackig in Richtung Schloss.

Ich blieb zurück, um zu verdauen, was ich gerade erfahren hatte. Friedrich liebte Feuerwerk. Das war bekannt. Im Kriegslager oder auf der Jagd konnten die Holzhaufen für die Feuer oft nicht groß genug sein. Bei manchen Festspielen wurden nicht nur Herkules und Bacchus verehrt, sondern auch Vulcanus, der Gott des Feuers. Waren das Zeichen eines krankhaften Triebes? War er ein Pyromane, der aus Kalkül zündelte, um die gestalterische Kraft des Feuers zu nutzen? Oder handelte es sich um Unglücksfälle, in denen eine Flamme außer Kontrolle geriet? Ich sprach mit Rahel Charlotte unter dem Siegel der Verschwiegenheit darüber. Wir waren uns einig, die Feuerleidenschaft unseres Regenten auf sich beruhen zu lassen. Stattdessen brauchte Seine Majestät dringend eine neue Mätresse. Angeblich hätte sich der Hof bereits Gedanken dazu gemacht und eine Favoritin in Erwägung gezogen. Ich sagte ihr, dass sie sich nicht ihr hübsches Köpfchen damit zerbrechen sollte und auch der Hof sich zurückhalten möge. In dieser staatstragenden Angelegenheit verbat ich mir jegliche Einmischung. Als ich begann, über die notwendigen Eigenschaften der künftigen Mätresse zu philosophieren, erwähnte Rahel Charlotte beiläufig, dass in der Werkstatt von Hofjuwelier Dinglinger an einem neuen vergnüglichen Zeitvertreib gearbeitet werde. Es hieße „livre des visages“. Ähnlich wie bei einem Kartenspiel seien auf 32 Karten die Porträts der lieblichsten Weibsbilder aus Dresdens Gesellschaft abgebildet. Man könne jede Dame auf den Karten Runde für Runde gegeneinander antreten lassen und nach Schönheit entscheiden, welche weiterkommt. Oder in einer Variante für Fortgeschrittene ab jeder weiteren Runde pikante Zusatzinformationen auf der Rückseite der Karte nachlesen, die die Entscheidung für das Weiterkommen auf eine breitere Grundlage stellen konnte. Am Ende gäbe es je nach Geschmack und Neigung eine Siegerin. Ich wurde hellhörig. Hatte Meister Dinglinger mit seiner genialen Schöpfung eine zeitsparende Lösung für Friedrichs Problem parat? Das wäre zu schön, um wahr zu sein. Ich verlor keine Zeit und warf mich in Mantel, Hut und Galoschen, um mir die Rechte an diesem Spiel zu sichern.

Der Geheime Rat hatte getagt. Zu meiner Erleichterung war Seine Majestät – zumindest nach außen hin – in blendender Verfassung. Er leitete souverän und eloquent die Sitzung, seine Einwürfe waren kenntnisreich und engagiert, sein Witz entschärfte manch hitzige

Diskussion. Aufhorchen ließ sein Entschluss, dass sich Baumeister Pöppelmann wieder mehr dem Wiederaufbau Altendresdens zuwenden und die Schlossbaupläne für Dresden und Warschau zurückstellen solle. Anschließend zog sich der Geheime Rat in einen Salon im Schloss zurück, um kleine Speisen, Wein und Tabak zu genießen oder einfach nur angeregt zu plaudern. Dies war die beste Gelegenheit, Dinglingers Werk dem König vorzustellen.

„Von Dinglinger! Soso! Das ist höchst interessant. Zeige Er her!"

Schnell bildete sich ein Kreis um Seine Majestät, der an einem mit grünem Filz beschichteten Spieltisch Platz genommen hatte. Die Herren staunten nicht schlecht, als sich nach und nach herausstellte, dass auch deren Gemahlinnen in Dinglingers Porträt-Sammlung enthalten waren. Bis auf zwei. Ich hatte mir erlaubt, die Kurfürstin Christiane Eberhardine und meine Rahel Charlotte durch zwei andere ehrenwerte Damen der Dresdner Gesellschaft ersetzen zu lassen. Ich gebe zu, es hätte einen gewissen Reiz gehabt, Rahel Charlottes Karte zu spielen, aber insgeheim wäre ich emotional zu sehr involviert gewesen. Stattdessen bereitete es mir eine diebische Freude, die sorgenvollen Mienen der Herren zu beobachten, als die Karten ihrer Herzblätter gespielt wurden und der König deren jeweiligen Anblick und die jeweils aufgeführten Vorzüge gegeneinander abwog. Dabei waren unter anderem Flemmings Franziska, Wackerbarths Caterina, Hoyms Constantia und sogar Fürstenbergs Favoritin Gräfin Reuß im Spiel enthalten. König August war begeistert: „Donnerwetter, dieser Dinglinger mit seinem ‚livre des visages'. Das gefällt mir."

Die Spannung stieg, je weniger Damen im Spiel waren und je mehr deren Vorzüge laut vorgelesen wurden.

„Hoym, ich wusste ja gar nicht, dass Ihre Constantia im Herrensattel reiten kann und gelegentlich Pfeife raucht. Sehr kapriziös. Und einen formidablen Busen hat sie auch noch."

Adolf Magnus von Hoym war unsicher, wie er die Komplimente für seine Gemahlin auffassen sollte. Schließlich verbeugte er sich leicht. Plötzlich fand das Spiel ein abruptes Ende. Seine Majestät stand vom Tisch auf und ließ eine Auswahl von vier Karten liegen.

„Meine Herren, ein netter Zeitvertreib, aber die Pflicht ruft. Ich entlasse Sie. Vitzthum, bleibe Er für einen Moment noch hier."

Als wir allein waren, sagte er: „Mein lieber Friedrich, was hast du dir dabei gedacht? Das Spiel ist durchaus frivol und unterhaltsam, aber doch peinlich im Beisein der Gemahle. Welcher Dame hätte ich denn den Vorzug geben sollen und zu welchem Zweck? Das Gesichtsbuch sollte jedoch nicht in falsche Hände geraten. Zahle Dinglinger den Preis und verwahre es in unserem Magazin. Und noch etwas: Wenn wir am 19. Dezember den Geburtstag der Kurfürstin begehen, wünsche ich den Kronprinzen zu sehen. Richte es bitte Ihrer Majestät aus."

„Ich wäre so gern dabei gewesen, als Seine Majestät unsere Schwägerin kommentiert hat. Adolfs Gesicht muss für die Götter gewesen sein. Aber sag, warum hast du meine Karte entfernen lassen? So werde ich nie erfahren, ob ich jemals die Gunst des Königs erlangen könnte."

Ich gestehe, manchmal werde ich aus Rahel Charlotte nicht schlau. Ist es für eine verheiratete Frau tatsächlich erstrebenswert, die Mätresse eines Königs zu sein? Ich bat meine Gemahlin, sich wieder auf die wichtige Aufgabe zu konzentrieren, für Friedrich eine neue Mätresse auszuwählen. Sie machte einen Schmollmund.

„Bist du etwa eifersüchtig?"

„Rahel Charlotte, ich bitte dich!"

„Findest du es nicht auch schade, dass Seine Majestät das Spiel nicht zu Ende gespielt hat? Das hätte uns bei der Suche sehr geholfen. Aber Constantia gehörte immerhin zur letzten Auswahl!"

„Ja, aber unsere Schwägerin eignet sich wohl kaum als Mätresse des Königs."

„Warum nicht? Wie du weißt, ist ihre Ehe eine Katastrophe!"

„Das wird sich wieder fügen. Und jetzt Schluss damit! Lass uns besser weiter an unserem Plan arbeiten."

„Am Sonntag lädt die Gräfin Reuß zu einem Ball ein. Das wäre doch eine wunderbare Gelegenheit, Seine Majestät mit vielen Weibsbildern in Kontakt zu bringen."

„So ein Zufall! Das wollte ich auch gerade vorschlagen. Kommst du an die Gästeliste heran? Dann schauen wir, wen wir am Tisch des Königs platzieren können."

„Lass mich das nur machen."

„Ja, gut, aber triff keine unüberlegte Entscheidung ohne mich."

„Du?"

„Ja?"

„Weißt du als Oberkammerherr, ob im Fraumutterhaus an der Kreuzgasse noch Zimmer frei sind?"

Diese Frage überraschte mich. Das Gebäude war im Besitz des Kurfürsten und wurde auf unterschiedliche Art genutzt. Es enthielt Dienstwohnungen. So war zum Beispiel der Gesandte des Kaisers dort untergebracht. Und nach dem Brand im Schloss – ich mochte gar nicht daran denken – hatten einige Kunstschätze übergangsweise dort ihren Platz gefunden.

„Ich muss mich erkundigen. Wozu möchtest du das wissen?"

„Nun, wenn wir noch eine oder mehrere Damen von außerhalb als Gäste für den Ball einladen wollen, müssen die doch irgendwo übernachten."

Natürlich. Ich lobte meine Gemahlin für diese Umsicht und verließ schleunigst unser Palais, um mich nach den Unterkünften zu erkundigen.

Bevor Gräfin Reuß jedoch den Ball am 7. Dezember feierlich eröffnen konnte, wurde das Ehepaar von Hoym von einem großen Unglück heimgesucht. Ich hatte Friedrich am Sonntag bei einigen Besuchs- und Besichtigungsterminen begleitet. Ich wollte ihn vor allem Ungemach und Verdruss bewahren und ihn abends in bester Feierlaune bei Gräfin Reuß zum Ball geleiten. Die Gästeliste war um einige Schönheiten ergänzt worden. Auf dem Ball würde es viele Gelegenheiten zum Kennenlernen geben, da waren wir uns sicher. Sorge bereitete mir, dass bei Friedrich so gar keine Vorfreude aufkommen wollte. In den Tagen zuvor hatte er sich bei Festivitäten aller Art schon rar gemacht. Er blieb anstandsweise jeweils eine gute Stunde, um sich dann unter einem leicht zu durchschauenden Vorwand zu verabschieden. Er war noch nicht wieder der Alte. Fieberhaft überlegte ich, wie ich seine Stimmung verbessern konnte. Und siehe da: Das Unglück meiner Schwägerin und meines Schwagers konnte das Glück meines Freundes bedeuten. Wir wollten gerade den letzten Ort unserer Besuchsliste betreten, als die Feuerglocke erklang. Wir waren alarmiert und bestiegen sofort wieder die Kutsche, um den Brandherd zu besichtigen. Insgeheim war ich froh, dass ich die ganze Zeit in Friedrichs Nähe gewesen bin. Er konnte deshalb mit diesem Feuer nichts zu tun haben. Wir staunten nicht schlecht, als der Kutscher uns bis zur Kreuzgasse fuhr. Das Palais der Hoyms stand lichterloh in Flammen. Das Feuer drohte auf die umliegenden Häuser überzugreifen. Das hätte mitten in der Stadt eine Katastrophe bedeutet. Friedrich und ich standen vor der Kutsche und schauten aus einiger Entfernung dieses Schauspiel an. Sie mögen verzeihen, dass ich diesen Begriff verwende. Ich fühlte mich in diesem Moment tatsächlich an eine der vielen Inszenierungen erinnert, die wir auf der Kavalierstour in Pariser, Madrider oder Venezianischen Theatern mit Begeisterung gesehen hatten. Für mich lag das an der Hausherrin: Constantia war bereits ballfein in ein edles Kleid aus petrolfarbenem Stoff gehüllt, als sie den Einsatz der Diener und freiwilligen Helfer organisierte. Es waren ihre Eleganz, ihre göttliche Anmut, ihre grazilen Bewegungen, die mich in ihren Bann zogen. Verstärkt wurde mein Eindruck von der lodernden, lebensbedrohenden Flammenkulisse, vor der sie agierte. Auch Friedrich war beeindruckt. Ich hoffte, aus ähnlichem Grund wie ich und nicht nur schlicht wegen des Feuers. Als ich mich umsah, bemerkte ich, dass von meinem Schwager weit und breit jede Spur fehlte. Constantia meisterte den Feuerwehreinsatz ganz allein. Plötzlich stand Rahel Charlotte neben mir.

„Willst du nicht helfen?“, fragte sie mich, bevor ich vor lauter Überraschung überhaupt einen Ton herausbringen konnte, „du könntest Constantia ablösen.“

Und ehe ich mich versah, fand ich mich im besten Zwirn inmitten einer Wasserkette wieder. Von Hand zu Hand schaukelten die Ledereimer voller Wasser. Ich war verblüfft über die hohe Anzahl von den kostbaren Ledereimern und vor allem, dass sie wie neu aussahen. Fast hatte es den Anschein, als ob diese in weiser Voraussicht und Kenntnis des Eintrittsdatums des Brandes angeschafft und gelagert worden seien. Aber ich verwarf den Gedanken gleich wieder. In einer kleinen Pause drehte ich mich um und sah die beiden Damen, wie sie sich mit Friedrich angeregt unterhielten. Dabei zeigten sie abwechselnd auf das brennende Gebäude, so als ob es gar nicht um den persönlichen Besitz oder Gefahr gehen würde. Schließlich gingen sie zu dritt in das gegenüberliegende Fraumutterhaus. Was für ein glücklicher Umstand, dass die anlässlich des Balls reservierten Zimmer doch nicht bezogen worden sind, sodass für die erste Zeit Constantia und Adolf dort unterkommen konnten. Da tippte mich mein Nebenmann an und zog mich wieder in die Wasserkette.

Die Ereignisse der folgenden beiden Wochen ließen sich kurz zusammenfassen. Das Palais Hoym war bis auf die Grundmauern abgebrannt. Das Feuer ließ sich aber auf dieses Gebäude begrenzen. Die Hoyms und deren Dienerschaft kamen im Fraumutterhaus unter. Aus glücklichen Umständen waren wertvolle Gegenstände und Dokumente zuvor ausgelagert worden. Der Ball stand ganz im Zeichen des Brandes, sodass Friedrich nicht an Wein, Weib und Gesang interessiert war. Vielmehr kümmerte er sich anfangs rührend um meine Schwägerin, um dann zu früher Stunde das Haus der Gräfin Reuß

zu verlassen. Als Amor war ich enttäuscht. Alle sorgfältig geschnitzten Pfeile mussten im übertragenen Sinn in ihrem Köcher bleiben. Das nächste größere Ereignis, die Feier anlässlich des Geburtstages Ihrer Majestät, bot sich aus nachvollziehbaren Gründen nicht für eine Mätressen-Schau an, zumal Reichsgräfin von Teschen ihr Erscheinen zugesagt hatte. Rahel Charlotte versuchte mich zu trösten, indem sie mich auf den Striezelmontag hinwies. Am 22. Dezember, dem letzten Montag vor Heiligabend, fand in den Mauern der Stadt ein Markt statt, an dem die Dresdner nach den vorweihnachtlichen Fastentagen ihren Braten für das Weihnachtsfest, weitere Lebensmittel wie etwa den namensgebenden Striezel oder Waren von nah und fern erwerben konnten. Zwar hatte ein sächsischer Kurfürst einst dem Rat der Stadt Dresden dieses Privileg ausgestellt, allerdings hatte Friedrich diesen Markt, seitdem er König war, nicht mehr besucht. Am Hofe galt es als unschicklich, sich unter das gemeine Volk zu mischen. Auch reichten die Darbietungen der Gaukler, Marktschreier, Musikanten und Schauspieler nicht an die Inszenierungen zu den Festen der Hofgesellschaft heran. Deshalb war ich skeptisch, ob Friedrich tatsächlich dem Striezelmarkt seine Aufwartung machen und sich offen für eine neue Beziehung zeigen würde. Positiv ist anzumerken, dass er sich zumindest ab und zu mit einer Person des anderen Geschlechts traf, auch wenn es sich dabei um meine Schwägerin handelte. Ich vertrat im Gegensatz zu meiner holden Gattin die Ansicht, dass Friedrich wegen des Brandes ihr lediglich Trost spenden und für Zerstreuung sorgen wollte.

Constantia war es tatsächlich gelungen, sich mit Friedrich auf dem Markt zu verabreden. Mir war zwar immer noch nicht klar, wie der König unter diesen Bedingungen eine Mätresse finden sollte, ich ließ aber die Damen agieren. Schließlich war es besser, wenn Friedrich in fröhlicher Gesellschaft war, als allein im Schloss Trübsal zu blasen. Die Temperaturen waren seit einigen Tagen frostig. Der Schnee blieb liegen und verzauberte Dresden mit seiner weißen Pracht. Am Striezelmontag schneite es ununterbrochen, sodass die Händler und Schausteller viel Mühe hatten, den Platz und die Wege zu räumen. Die Stände auf dem Marktplatz waren mit Tannenzweigen geschmückt. Als es dunkel wurde, entzündeten die Marktleute Fackeln, Kerzen und kleine Feuer. Friedrich holte Constantia, die sich – überraschenderweise ohne Adolf – eine neue Unterkunft besorgt hatte, mit der Kutsche ab. Beide erschienen zur verabredeten Zeit auf dem Marktplatz, wo Rahel Charlotte und ich sie erwarteten. Besonders freute ich mich für Friedrich, dass der Kronprinz ihn begleitete. Der Achtjährige hatte so einen Weihnachtsmarkt noch nicht erlebt. Mit großen Augen sah er sich alle Dinge genau an, und Friedrich bereitete es eine große Freude, ihm diese zu erklären. Wir sahen uns die Gaukler und Schauspieler an, applaudierten genauso großzügig, wie wir dann auch den Lohn für die Darbietung gaben. Gegen Hunger und Durst half eine feine Rostbratwurst aus Fasanenfleisch und ein Becher mit heißer Schokolade. Friedrich ließ es sich nicht nehmen, seinem Jungen ein Holzschwert samt Schild und eine Trommel zu schenken. Die Damen durften sich eine Silberkette aussuchen. Der Regent war hellauf begeistert, zumal die Händler und die Besucher den König sehr freundlich behandelten. Dies lag sicherlich auch an dem kurfürstlichen Entscheid, zu dem ich Friedrich kürzlich geraten hatte. Dieser sah vor, die Anwesenheit von auswärtigen Händlern zu begrenzen.

„So ein exzeptionelles Fest. Warum feiern es die Dresdner nur an einem Tag? Warum nicht länger? An mir soll es nicht liegen. Der Rat braucht nur auf mich zuzukommen. Und der Platz! Der ist viel zu klein. Das könnte alles noch viel größer aufgezogen werden. Es müsste nur das Alte Rathaus abgerissen werden. Dann könnten noch mehr Stände und Bühnen errichtet werden. Ich habe dem Rat schon mehrere Ersatzstandorte für diesen alten Kasten angeboten, aber ich rede ja anscheinend gegen eine Wand."

„Zur Not müsste man das Alte Rathaus halt niederbrennen", entfuhr es Constantia und sogleich hielt sie sich die Hand vor den Mund wegen ihres unkorrekten Gedankens.

Aber Friedrich lachte schallend.

„Das ist ganz nach meinem Geschmack", befand er und hakte sich bei Constantia unter, „sehen Sie, meine Liebe, das Gebäude steht total frei auf dem Altmarkt. Wenn das Feuer geschickt gelegt wird, kann es langsam und behutsam herunterbrennen und neuen Platz schaffen."

Danach unterhielten sie sich angeregt, mit welchem Fidibus man am besten Pfeifentabak entzünden könne, welche Holzsorte am meisten wärme und am wenigsten ruße und welches Material für Kerzen am besten geeignet sei, um möglichst lange zu brennen. Als mich Rahel Charlotte anstieß und mit einer Kopfbewegung auf die beiden zeigte, musste ich zugeben, dass Constantia vielleicht doch eine hervorragende Mätresse sein könnte. Beide verstanden sich gut, lachten miteinander und führten eine Konversation voller Charme und Esprit. Und als sie meinten, dass es keiner sah, gaben sie sich im Schatten einer Bude einen ersten Kuss. Aber uns entging an diesem Tag nichts. Beide waren einfach Feuer und Flamme füreinander.

Zum Abschluss des Striezelmontags kaufte Friedrich einen großen Krug fertig gerührter Schokolade und nahm diesen mit ins Schloss. Wie wir später erfuhren, hat Constantia ihm dann die erwärmte Schokolade auf einem Tablett in einer weißen Tasse zusammen mit einem Glas Wasser serviert – allerdings nur bekleidet mit einer Haube und einem weißen Kragen. Aber das ist eine andere Geschichte.

Die Jagd nach der Gewürzmischung

„Das Messel ist laang …“
„Oh ja, sehr lang.“
„… und schwel. Es ist schwel.“
„Allerdings.“
„Und seehl schalf!“
„Vorsicht!“

Der Marktamtsleiter hatte schlecht geschlafen. Unruhig hatte er sich zwischen ungezählten Wachphasen in seinem Bett hin- und hergewälzt. Nach dem Aufstehen, das ihm wie eine Erlösung vorkam, fühlte er sich wie gerädert. Thomas Schlesinger war sich gar nicht sicher, ob er das Klingeln des Weckers überhaupt gehört hatte oder ob er von sich aus vorzeitig die „Reißleine“ gezogen hatte. Normalerweise schlief er wie in Abrahams Schoß und konnte sich angesichts des beruflichen Stresses wunderbar regenerieren, neue Kräfte sammeln sowie Konzepte und Ideen geradezu erträumen. Gestern war es spät geworden. Unvernünftigerweise hatte er sich noch diverse Unterlagen als Gutenachtlektüre mit ins Bett genommen, damit er heute für die drei Delegationen, die Dresden einen Besuch abstatteten, bestmöglich vorbereitet war. Als äußerst problematisch schätzte er die strikte Einhaltung des ausgeklügelten Besuchsprogramms aufgrund der kulturellen Eigenheiten und der unterschiedlichen Interessen der Delegationen ein. Außerdem war der Zeitrahmen sehr knapp bemessen. Er hätte als Organisationschef ein gemeinsames Programm für die drei angekündigten Delegationen aus Japan, Indien und von den Bahamas unbedingt unterbunden und versucht, die Besuchstage zu entkoppeln und für jede Gruppe individuell zugeschnittene Termine zu vereinbaren. Er ahnte, dass ein reibungsloser Ablauf an einem seidenen Faden hing, der bei praktisch jedem einzelnen Detail des Besuchsprogramms reißen konnte. Es war auch noch unklar, ob eine ausreichende Anzahl an Dolmetschern das Programm begleiten konnte. Also viele, viele Fragezeichen, die den Marktamtsleiter um einen erholsamen Schlaf gebracht hatten.

Die drei Delegationen interessierten sich insbesondere für Themen rund um den Striezelmarkt. Dabei spielte erneut der Import von weihnachtlichen Holzfiguren eine Rolle, die dann in Fachgeschäften und auf Weihnachtsmärkten verkauft werden sollten. Diese Arbeiten sahen zwar manchmal täuschend echt aus und waren den erzgebirgischen Vorbildern tatsächlich gut nachempfunden, aber von einer minderen Qualität. Ebenso bestand im Ausland regelmäßig der Wunsch, eine Lizenz zur Herstellung der beliebten Figuren zu erhalten. Das waren beides heikle Themen. Die Kunsthandwerker und Spielzeughersteller hatten sich deshalb auch in einem Verband zusammengeschlossen, um die Originale mit einem Logo zu kennzeichnen. Obwohl an eine Kooperation nicht zu denken war, witterten einige Firmen aus Fernost unverdrossen das große Geschäft und ließen nicht locker. Bei diesem Besuch, das hatte Thomas Schlesinger erfahren, wünschten sich zwei Delegationen den Abschluss von Exklusivverträgen. Die Bahamaer stellten sich vor, dass ihr Rum fester Bestandteil des Rezepts für den Dresdner Christstollen werden könnte. Dann wäre verpflichtend festgeschrieben, dass alle Rosinen für den Dresdner Christstollen zuvor ein Bacardi-Bad nehmen müssen. Außerdem fand der Spirituosenhersteller es schick, wenn er für zehn Jahre die Namensrechte am Striezelmarkt erhielte. Und die indischen Vertreter würden sich über eine Kooperation bei der Lieferung für die eigentlich ja geheime Gewürzmischung der Dresdner Christstollen sehr freuen. Sie wären dann so eine Art königlich-sächsischer Hoflieferant der Neuzeit. Thomas Schlesinger war sich aber sicher, dass die Stadt und vor allem der Schutzverband Dresdner Christstollen e.V., der konsequent auf die Einhaltung des „Dresdner-Stollen-Reinheitsgebotes“ achtete, sämtlichen Angeboten eine Absage erteilen würde. Allerdings, bei der Haushaltslage sollte man sich nie zu sicher sein. Da erschien der Wunsch der japanischen Delegation schon realistischer. Ein Millionär hatte im Land der aufgehenden Sonne den Striezelmarkt als Erlebnispark nachgebaut. Ganzjährig konnten die Gäste, umgeben von den Fassaden des Altmarktes, Punsch trinken und Stollen essen. Was angeblich noch fehlte, waren die besonderen Attraktionen zu den Adventswochenenden. Deshalb hatte sich die japanische Delegation gewünscht, das Stollenfest aus nächster Nähe betrachten zu können, um es eines Tages auch in Japan begehen zu können. Alle verbandsangehörigen Bäcker und Konditoren waren jedoch so gut wie ausgebucht, weil zur Weihnachtszeit die Stollenproduktion in den Backstuben auf Hochtouren lief. Deshalb war es schwierig, so kurzfristig entsprechende Termine zu vereinbaren. Da bedurfte es schon des Charismas, des diplomatischen Geschicks und der Hartnäckigkeit eines Thomas Schlesinger, damit die Dinge sich harmonisch fügten. Der Marktamtsleiter ließ seine Kontakte zum Schutzverband Dresdner Christstollen e.V. spielen, und siehe da: Der Verband erlaubte, dass die Gäste aus Japan, Indien und von den Bahamas dabei sein durften, wenn die Stollenbäcker aus Hunderten von ihnen zuvor gebackenen Stollenplatten den Riesenstollen aufschichteten. Dazu mussten die 40 x 60 cm großen Platten mit einer Butter-Zucker-Mischung verklebt und mit einem Messer in Form geschnitten werden. Zum Abschluss pinselten die Stollenbäcker den Riesenstollen mit Fett und Zucker ein und bestäubten ihn mit Puderzucker. Fertig war der Riesenstollen, der etwa 4,30 Meter lang, etwa 1,80 Meter breit und bis zu einem Meter hoch sein konnte.

„Das war tatsächlich ein großes Erlebnis für die Gäste", stellte der Marktamtsleiter zufrieden und erleichtert fest. Staunend beobachteten sie in einer Halle auf der Messe im Ostragehege den Herstellungsprozess des Riesenstollens, der immerhin gut vier Stunden dauerte. Zwischendurch sprachen sie mit den Bäckern und Konditoren, ließen sich den Herstellungsprozess mit den genau bestimmten Zutaten und dem Mengenverhältnis sowie die erlaubten individuellen Variationen vor allem bei der Gewürzmischung erklären. Dieser Programmpunkt schien den etwas holprigen Start des ersten Besuchstages vergessen zu machen und die Stimmung aufzuhellen. Für Thomas Schlesinger stand der ganze Tag unter keinem guten Stern. Nicht dass er abergläubisch wäre, aber innerlich sagte er sich, dass es wohl am besten sei, die anstehenden Aufgaben für heute routiniert zu Ende zu bringen und morgen wieder mit frischer Kraft und ein wenig mehr Glück ans Werk zu gehen. Abgesehen von seiner unruhigen Nacht, an die ihn seine Kopfschmerzen, Müdigkeit und Gereiztheit erinnerten, waren weitere Zwischenfälle nicht besonders förderlich für sein Wohlbefinden gewesen: Am Flughafen fehlten den Indern die Koffer und der Shuttlebus der Bahamaer war defekt und fiel aus. Der leitende städtische Angestellte meinte auch Spannungen zwischen den Delegationen ausgemacht zu haben. Jede Gruppe beanspruchte für sich, die erste Präsentation eines Gegenstandes oder die erste Übersetzung zu erhalten. Thomas Schlesinger war froh, dass er die nächsten Tage bei den Besichtigungen des Sächsischen Staatsweingutes Schloss Wackerbarth in Radebeul und der Staatlichen Porzellan-Manufaktur in Meißen oder bei dem Konzert in der Semperoper nicht dabei sein musste, sondern erst wieder am Samstag zum Stollenfest.

Der Marktamtsleiter griff zur Thermoskanne und schenkte sich eine Tasse Kaffee nach, in der Hoffnung, seinem Brummschädel doch noch Herr zu werden. Der Riesenstollen war nahezu fertig und erfüllte die Messehalle mit seinem Duft. Weihnachtsstimmung kam auf. Aus den Augenwinkeln registrierte er, dass die Pressereferentin des Schutzverbandes den Gästen das Große Dresdner Stollenmesser von 1730 zeigte. Genau genommen war es nur eine Nachbildung, die speziell für das Stollenfest angefertigt worden war. Das Original war Bestandteil der Hofsilberkammer der Wettiner, der königlichen Familie. Seit Ende des Zweiten Weltkrieges galt es als verschollen. Das Große

Dresdner Stollenmesser maß 1,6 Meter und hatte einen Porzellangriff aus der Meißner Porzellan-Manufaktur. Auffällig war, dass erneut die japanische Delegation als Erste die Attraktion bewundern wollte und sich schnell eine Traube um die Pressereferentin bildete. Der Marktamtsleiter sah das nicht gern. Konkurrenz belebte zwar grundsätzlich das Geschäft, konnte aber leicht für Unfrieden sorgen. Er stellte seine Tasse ab und ging zu den Gästen, um möglicherweise beschwichtigend eingreifen zu können, wenn irgendjemand sich benachteiligt fühlen sollte. Mittlerweile hatte der japanische Delegationsleiter der Pressereferentin das immerhin 12 kg schwere Stollenmesser abgenommen und mit einer kindlichen Verzückung aus dem Lederschaft gezogen. Genau betrachtete er die Verzierungen auf der Klinge. Danach fasste er es mit beiden Händen am weißen Porzellangriff an und schwenkte es wie eine Fahne, bis er schließlich so tat, als ob er gegen einen unsichtbaren Gegner fechtet. Für Thomas Schlesinger wirkte der Delegationsleiter mit seinen Bewegungen nicht so elegant wie ein Samurai und auch nicht so edel wie ein Musketier, vielmehr ähnelte er einem Metzgerlehrling, der unbeholfen und wild seine erste Rinderhälfte zerlegen soll. Die japanische Gruppe sah das ganz anders. Begeistert zückten seine Leute alle verfügbaren Mobiltelefone, um die Szene digital festzuhalten. Für Thomas Schlesinger ging das zu weit. Er bahnte sich einen Weg durch die Traube und streckte dem Delegationsleiter seine Hand entgegen, um ihm das Messer wieder abzunehmen. Dieser machte aber keine Anstalten, sich entwaffnen zu lassen.

„Das Messel ist laang …“

„Oh ja, sehr lang.“

„… und schwel. Es ist schwel.“

„Allerdings.“

„Und seehl schalf!“

„Vorsicht! Es ist besser, wenn wir das Stollenmesser zurück in den Lederschaft stecken und wieder an seinen Platz bringen. Dort kann es sicher aufbewahrt werden. Zum Stollenfest muss das Messer in einem perfekten Zustand sein. Perfekt! Perfekt und sicher!"

Offensichtlich hatte ihn der japanische Delegationsleiter nicht verstanden, denn er stocherte nunmehr in Richtung der beiden anderen Delegationen, die unruhig wurden, weil sie endlich auch das Große Dresdner Stollenmesser betrachten wollten. Thomas Schlesinger klatschte etwas genervt in die Hände, um seine Worte akustisch zu unterstreichen. Allerdings deutete die japanische Delegation diese Geste als Applaus und klatsche nun ihrerseits frenetisch, was den Fechter animierte, noch eine Spur waghalsiger mit dem Stollenmesser die Luft zu zerteilen.

„Himmel", dachte sich der Marktamtsleiter, „heute ist nicht mein Tag." Und es war doch noch so viel davon übrig. Er legte seine Hand auf die Schulter des japanischen Delegationsleiters und versuchte, ihn so zu beruhigen und zur Übergabe des Messers zu animieren. Dieser reagierte aber aggressiv, drehte sich um und richtete das Messer gegen Thomas Schlesinger. Bevor er sich versah, wurde der Marktamtsleiter von zwei stattlichen Mitgliedern der japanischen Delegation, die in ihrer Freizeit als Sumoringer auftreten könnten, so in die Zange genommen, dass er sich nicht mehr bewegen konnte. Das Messer war bedrohlich nahe an seinem Körper. Der Japaner schaute ihm tief in die Augen, ohne mit seiner Mimik zu verraten, was er vorhatte. Plötzlich ging er einen Schritt rückwärts, senkte das Messer und verbeugte

sich. In dem Moment rückten die Sumoringer von Thomas Schlesinger ab. Während der Marktamtsleiter für einen Moment geglaubt hatte, sein letztes Stündlein hätte geschlagen, sackte er innerlich in sich zusammen, was er sich äußerlich nicht anmerken lassen wollte. Er war sprachlos. Ein Zustand, der nicht oft vorkam. Gönnerhaft übergab der japanische Delegationsleiter das Große Dresdner Stollenmesser an sein Pendant von der indischen Delegation und schaute Thomas Schlesinger beim Vorübergehen triumphierend an.

„Alles in Ordnung?", fragte die Pressereferentin des Schutzverbandes.

„Jaja, die Japaner können einen schon mit ihren Temperamentswallungen überraschen, nicht wahr? Aber eigentlich sind wir hier fertig, oder? Dann könnten wir die Gruppen zu ihren Hotels bringen."

„Unser Stollenmädchen wird sich noch die Ehre geben. Das ist eine gute Gelegenheit für sie, ein bisschen Erfahrung mit internationalen Gruppen zu gewinnen."

Ob diese Art von Erfahrung nützlich sein wird, war Thomas Schlesinger sich nicht sicher. Argwöhnisch beobachtete er den Auftritt des diesjährigen Stollenmädchens. Traditionell wurde sie aus der Mitte der Mitgliedsbäckereien und -konditoreien ausgewählt, in der Regel eine Auszubildende, die sowohl mit Anmut und Liebreiz als auch mit Fachkunde den Dresdner Christstollen gut repräsentieren konnte. Die Amtsinhaberin dieser Stollensaison machte da keine Ausnahme. Die Delegationsteilnehmer ließen sich die Gelegenheit nicht entgehen, um mit ihr zu plaudern, sich mit ihr fotografieren oder sich nur ein Autogramm geben zu lassen. Die Japaner hatten erneut zuerst ihre Zurückhaltung aufgegeben und umringten sie. Die Selfiewünsche oder die Fragen hörten gar nicht auf. Der Delegationsleiter wirkte dabei an vorderster Front. Thomas Schlesinger bewunderte, wie besonnen und gelassen das Stollenmädchen mit dieser Situation umging und geduldig und charmant alle Wünsche erfüllte. Bis auf offensichtlich einen, denn der „Metzgerlehrling" schien eine Frage zu wiederholen und sich in die Sache hineinzusteigern. Sein Gesicht verfinsterte sich zunehmend und sein Verhalten wurde zudringlich. Er setzte seine Hände so ein, dass es bedrohlich wirkte. Thomas Schlesinger meinte auch zu erkennen, dass es dem Stollenmädchen unbehaglich wurde. Er schaute sich nach den Sumoringern um. Weit und vor allem breit waren sie nicht zu sehen. Also wagte der Marktamtsleiter noch einmal eine Konfrontation mit dem japanischen Delegationsleiter.

„So, Ladies and Gentlemen. Die Busse stehen bereit für die Fahrt ins Hotel. Busse! Hotel! Da erwartet uns ein hervorragendes Menü. Menü! Fragen, die noch offen geblieben sind, werden im Nachgang beantwortet. Keine Sorge!"

„Hotel" und „Menü" waren die Zauberworte, denn den Gästen steckte besonders die lange Anreise in den Knochen. Die Aussicht auf Erholung und Verpflegung ließ sie im Schwarm auf den Ausgang zusteuern. Nur einer blieb kurz stehen und schaute dem Marktamtsleiter feindselig in die Augen, bevor er ebenfalls den Weg zu den Bussen einschlug.

„Danke! Sie sind mein Retter!"

„Was wollte er denn?"

„Zuerst war er ganz nett. Als er erfahren hatte, dass ich das Rezept unseres Betriebes kenne, war er hinter der Gewürzmischung her. Welche Bestandteile, welche Mengen, wollte er wissen. Dann zählte er einzelne Gewürze auf, und ich sollte nichts sagen, nur nicken. Richtig spooky."

„Seien Sie froh. Es ist überstanden, und Sie haben sich gut geschlagen."

Entgegen seiner beruhigenden Worte war sich Thomas Schlesinger nicht sicher, ob das Stollenmädchen bereits alles überstanden hatte. Er nahm sich vor, mit dem Revierleiter über die Sicherheitsvorkehrungen für das Stollenfest zu sprechen.

Temperaturen um die null Grad. Leichter Schneefall setzte ein, als sich am Samstag vor dem zweiten Advent auf dem Dreieck zwischen dem Schloss, dem Taschenbergpalais und dem Zwinger der Aufzug zum Stollenfest formierte. Neben Kutschen und einigen historischen Fahrzeugen dominierte das Fußvolk wie etwa die Stollenbäcker und andere Handwerker aus befreundeten Zünften, der historische Hofstaat um August den Starken, Soldaten oder Fanfarenzüge. Insgesamt waren rund 500 Akteure auf den Beinen. Der Marktamtsleiter hatte in Absprache mit dem Revierführer und dem Schutzverband die Reihenfolge des Aufzuges festgelegt. Am Anfang würde er bei einem Zweispänner auf dem Kutschbock mitfahren und den Wegesrand nach etwas Verdächtigem absuchen. Als Kleidung hatte Thomas Schlesinger die Montur eines Bäckers gewählt und sich vorsorglich noch einen dicken Pulli druntergezogen. Ihm folgte die erste Soldatengruppe. Was aber nur Eingeweihte wussten: In den historischen, weiß-grünen Uniformen steckten waschechte Polizeibeamte, die vor allem die Kutsche an dritter Position schützen sollten, in der das Stollenmädchen in seinem barocken blauen Kleid mit dem weißen Kragen und der weißen Schürze Platz genommen hatte. Danach kamen die Vorstandsmitglieder des Schutzverbandes, die den Vierspänner mit dem Riesenstollen anführten. Dort auf dem Kutschbock saß Polizeidirektor Dieter Hübzsch, der in seinem historischen Dress so aussah, als hätte er nie etwas anderes gemacht, wie der Marktamtsleiter belustigt feststellen musste. Aber sogleich mahnte er sich zur Ernsthaftigkeit und Wachsamkeit. Das Geheimnis der Gewürzmischung musste gewahrt bleiben.

„So, Mesdames et Messieurs, Action time", mit diesem Ausruf startete Thomas Schlesinger in der ersten Kutsche den Festumzug. Viele Schaulustige hatten entlang der Strecke eine Gasse gebildet. Ordner bemühten sich, die benötigte Breite für diese zu gewährleisten. Der Marktamtsleiter zeigte dem Kutscher an, seine beiden Pferde zu zügeln. Er wollte sich genau die Menschenmasse links und rechts des Weges anschauen können, um rechtzeitig eine gefährliche Situation zu entdecken. Die Parade umrundete die Hofkirche und bog vor dem Georgentor nach links ab, um den Fürstenzug zu passieren. Thomas Schlesinger drehte sich um und sah, dass der Umzug planmäßig folgte.

„Alles in Ordnung?“, fragte er über den Sprechfunk.

Nacheinander trafen Bestätigungsmeldungen von Personen aus der Parade und vom Streckenpersonal ein. Jetzt kam eine kritische Passage. Es galt, die enge Gasse zwischen dem Hilton-Hotel und dem Quartier F zu durchfahren. Der Marktamtsleiter scannte die Gesichter vor ihm. Der Haupteingang des Hilton war freigehalten worden. Das schien unverdächtig zu sein.

„Irgendwelche Anzeichen? Hallo, bitte melden!“

Keine Reaktion. Der Funkkontakt war gestört.

Thomas Schlesinger drehte sich um.

„Warum nur haben die Träger des Großen Dresdner Stollenmessers die Kutsche mit dem Riesenstollen überholt?“, fragte er sich.

„Hallo, warum wird die Reihenfolge nicht eingehalten?“

Keine Antwort.

Die Führungskutsche passierte den Hilton-Eingang. Aus den Augenwinkeln meinte der Marktamtsleiter zwei große und kräftige Gestalten zu erkennen, die auch in einer Art Uniform steckten. Beide schritten zügig aus dem Hotel heraus. Er drehte sich noch mal um. Plötzlich liefen ganz anders kostümierte Soldaten hinter ihm. Und die beiden Gestalten entpuppten sich als die Sumoringer. Der erste bestieg die Stollenmädchen-Kutsche und drängte den Kutscher vom Bock. Der zweite steuerte auf die Kutsche mit dem Riesenstollen zu.

„Das darf doch nicht wahr sein. Warum schreitet niemand ein?“, dachte Thomas Schlesinger.

„Mayday, Mayday. Dieter, du musst den Zugriff befehlen!“

Das Funknetz war tot.

„Anhalten!“, rief er seinem Kutscher zu, der darauf nicht reagierte. „Warum halten Sie nicht an?“

Der Marktamtsleiter schaute den Kutscher an und erschrak. Neben ihm saß der japanische Delegationsleiter und grinste.

„Anhalten!"

Der Delegationsleiter ließ die Pferde weitertraben und bog entsprechend der Route vor der Frauenkirche nach rechts ab.

„Anhalten! Sofort!"

Thomas Schlesinger versuchte, dem neuen Kutscher die Zügel abzunehmen. Der Japaner zog aber eine Pistole und hielt sie auf ihn gerichtet.

„Ganz luhig, dann passielt nichts", er grinste immer noch.

Thomas Schlesinger drehte sich um und sah, dass die Kutsche mit dem Stollenmädchen aus dem Festumzug ausscherte und sich geradeaus einen Weg durch die Menschenmenge bahnte.

„Eine Entführung! Das Stollenmädchen wird entführt!", schrie der Marktamtsleiter und stand auf dem Kutschbock so abrupt auf, dass das Handpferd zu scheuen begann und dem Delegationsleiter die Zügel aus der Hand riss. Den Moment nutzte Thomas Schlesinger, um dem Japaner erst die Waffe aus der Hand und dann seine Faust ins Gesicht zu schlagen. Der Marktamtsleiter sprang von der Kutsche und hastete durch die Menschenmenge. Er wollte die Frauenkirche umrunden und hoffte, dass er die Kutsche mit dem Stollenmädchen noch erreichte, bevor der Sumoringer die Kutsche durch die Menschen hindurch auf die Straße am Lipsiusbau mit seiner Zitronenpresse gelenkt hatte, um dann mit 2 PS zu entkommen. Sehr unsanft musste sich der Marktamtsleiter seinen Weg bahnen. Aber tatsächlich schaffte er es rechtzeitig, weil die Kutsche des Stollenmädchens vor dem Eingang G der Frauenkirche feststeckte. Der Sumoringer erkannte den Marktamtsleiter, wie er sich schnell auf die Kutsche zuschlängelte. Von der Rückseite der Kutsche näherte sich der Revierleiter. Kurzerhand schnappte sich der japanische Dickhäuter das kreischende Stollenmädchen, warf sie über seine rechte Schulter wie einst Quasimodo Esmeralda. Er sprang mit seiner Beute von der Kutsche und lief die wenigen Treppenstufen hoch und verschwand im Eingang G der Frauenkirche.

„Er will mit ihr auf den Turm!", sagte Thomas Schlesinger.

„Dann haben wir ihn. Er sitzt in der Falle! Los, hinterher!", übernahm Revierleiter Dieter Hübzsch das Kommando.

Als sie die Tür zum Eingang G öffneten, wären sie beinahe über ein längliches Paket gestolpert. Die beiden Verfolger hatten aber keine Zeit, dieser Sache auf den Grund zu gehen, und eilten die Treppe zum Turm hoch. Später stellte sich heraus, dass der Sumoringer den Vorhang vom Treppenaufgang heruntergerissen und darin kurzerhand den diensthabenden Kontrolleur eingewickelt hatte. Nach 22 Stufen befanden sie sich auf einem ersten Absatz, von dem aus man zu der Betstubenempore gelangte. Rechts von der weiter nach oben führenden Treppe zweigte ein schmaler Gang zu einem Lastenaufzug ab.

„Du, ich nehme den Fahrstuhl und schneide dem Japaner den Weg ab. Dann können wir ihn oben in die Zange nehmen", schlug der Revierleiter vor.

„Eine glänzende Idee", befand der Marktamtsleiter, „aber lass mich den Fahrstuhl nehmen. Ich bin der Ältere."

„Ja, aber du bist der Sportlichere."

„Stimmt, aber ich hab's am Knöchel!"

„Ich hab's am Kreuz!"

„Knie!"

„Durch die Wendeltreppe schon jetzt ein Schleudertrauma."

„Dann lass uns eine Münze werfen. Hast du Kleingeld dabei?"

„Ja, warte“, sagte der Revierleiter und kramte umständlich sein Portemonnaie hervor, in dem er auch eine passende Münze fand, „Kopf oder Zahl?“

„Kopf! Nein, Zahl!“

„Okay.“

„Nein, doch Kopf!“

„Nun, gut!“

Der Revierleiter warf die Münze, fing sie auf und legte sie auf den Rücken seiner linken Hand.

„Zahl!“

„Was? Wir werfen doch dreimal. Best of three! Oder?“

„Dann fahr halt“, gab Dieter Hübzsch nach und setzte den Weg nach oben fort, während Thomas Schlesinger in der Kabine verschwand. Nach 125 Stufen traf der Revierleiter wieder auf seinen Freund, der ihn schon erwartete.

„Wo ist er?“, schnaufte Dieter Hübzsch.

„Das wollte ich dich fragen. Hat er dich ausgetrickst?“

„Quatsch! Dann ist er durch. Wir müssen weiter nach oben.“

Über unzählige Absätze und Kurven, schmale Gänge, die Wendelrampe und eine Eisentreppe erreichten sie in 67 Metern Höhe die Aussichtsplattform. Durch eine schmale Holztür gelangten sie ins Freie und trauten ihren Augen nicht. Der Sumoringer hatte sich breitbeinig in der Mitte auf die höchste Holzstufe gestellt und hielt das Stollenmädchen über seinem Kopf. Thomas Schlesinger musste unweigerlich an King Kong und die weiße Frau denken.

„Bleiben Sie ruhig! Wir haben die Gewürzmischung! Wir geben sie Ihnen!“

Der Marktamtsleiter schaute seinen Freund ungläubig an. Der Revierleiter hatte aber offensichtlich einen Plan.

„Hier, sehen Sie! Hier ist die Mischung drin“, Dieter Hübzsch hielt einen dosenähnlichen Gegenstand hoch, „wenn Sie das Stollenmädchen herunterlassen, gebe ich Ihnen diese Dose.“

Der Sumoringer verstand nicht und stampfte ungeduldig mit einem Fuß auf.

„Was heißt denn Gewürzmischung auf Englisch?“

„Spice mix.“

„Und Stollenmädchen?“

„Weiß ich doch nicht!“

„Hear me! You let the girl down and I give you the spice mix. Spice. You know. Pepper. The pepper for … the stollen!“

Dem japanischen Dickhäuter schien ein Licht aufzugehen. Sein Gesicht, das grimassenartig verzerrt war, entspannte sich. Fast meinte man, ein scheues Lächeln erkennen zu können. Er setzte das Stollenmädchen behutsam ab und griff nach der Dose.

„Hier, mein Freund, nimm das Pfeffer!“

Der Revierleiter sprühte den ganzen Inhalt seines Pfeffersprays kleinflächig auf das Gesicht des Japaners. Der Sumoringer schrie auf, hielt sich die Hände vors Gesicht und taumelte rückwärts, fiel über das Geländer auf die Stahl-Glas-Konstruktion des Kuppelabschlusses, die sofort nachgab, und stürzte in den Innenraum der Frauenkirche herunter.

„Hat er denn nicht gelesen, dass man das Glas nicht betreten soll?“

„Stand leider nur auf Deutsch da.“

Hinter ihnen räusperte sich jemand. Der Marktamtsleiter und der Revierleiter drehten sich um. Der japanische Delegationsleiter stand hinter ihnen und hob das Große Dresdner Stollenmesser an, schwenkte es nach links und rechts, um Schwung zu holen, und holte zu einem Schlag aus.

Der Wecker klingelte.

Schatzsuche

„Du hättest nicht das ganze Magazin leer schießen müssen."
„Habe ich gar nicht. Einen Schuss habe ich mir extra für dich aufgehoben."

Aufregung gab es hier jeden Tag. Aber doch bitte schön nicht schon um 11 Uhr morgens. Und doch bitte, bitte nicht noch am drittletzten Tag vor Heiligabend. Da hieß es für alle Akteure auf dem Mittelalter-Weihnachtsmarkt im Stallhof nur noch: auf die Zähne beißen und durchhalten. Chris Steiner war nach dem gestrigen „Dienstschluss" mit den Jungs von der Gauklertruppe auf die Piste gegangen. So richtig konnte er sich allerdings an Einzelheiten nicht mehr erinnern. Als beruhigend empfand er es, dass er heute in seiner Single-Wohnung im Bett aufgewacht war. Zwar war er vollständig bekleidet, hatte aber zuvor selbst noch seine Schuhe ordentlich an ihren Platz gestellt. So schlimm kann es also gar nicht gewesen sein. Aus akutem Zeitmangel entschied Chris, auf eine Dusche zu verzichten und gleich in seinen Stallhof-Klamotten zu bleiben. Das wirkte authentisch, wild und verwegen. Und dank der Gerüche, die die Knoblauchbrot-, Glühwein- und Mutzbratenstände produzierten, würde es auch gar nicht weiter auffallen, hoffte er zumindest.

Chris Steiner war klar, dass er sich gehen ließ. Das wissenschaftliche Experiment der Prädikativen Polizeiarbeit war gescheitert. Im neuen Jahr würde er an die Hochschule der Sächsischen Polizei nach Rothenburg zurückkehren und sein Bachelor-Studium wieder aufnehmen. Bis dahin war er frei. Als „Springer" half er so lange noch auf dem Mittelalter-Weihnachtsmarkt an der Stelle aus, an der er gerade gebraucht wurde. Das war manchmal anstrengend, aber immer lustig. Und es lenkte ihn von seinem misslungenen Einsatz ab, als er einen vermeintlichen Räuber mit einer gehörigen Menge Alkohol zwar auftragsgemäß ausgeschaltet, aber beinahe auch getötet hätte. Dieser Einsatz führte zu seiner jetzigen „Strafversetzung“ vom Striezelmarkt in den Stallhof am Schloss. Immerhin wurde sein Fehlverhalten nicht an die große Glocke gehängt. Weil er undercover im Einsatz gewesen war, gab es keinen Skandal, der die Polizei in Misskredit hätte bringen können. Und jetzt war der Polizeikommissarsanwärter einfach als Chris Steiner aktiv, der sich den einen oder anderen Euro dazuverdienen wollte. Ob ihm die Hochschule diese Zeit als Praktikum anrechnete oder nicht, war ihm vollkommen egal.

Als Chris kurz vor 11 Uhr den Stallhof vom Georgentor aus betrat, hatte sich im Mittelgang bereits eine bunte Traube gebildet. Eine Bude mit Filzwaren und Tüchern war aufgebrochen und verwüstet, ein danebenstehendes Zelt auf den Boden niedergedrückt worden. Chris kannte die Betreiber. Sie standen davor und diskutierten mit dem Marktorganisator. Ein innerer Impuls wollte Chris schon seinen Polizeiausweis zücken lassen. Im letzten Moment besann er sich, dass er hier undercover war. So wandte er sich an einen Gaukler, der am Rande der Traube stand und mit dem er gestern unterwegs gewesen war.

„Hi, was ist denn hier passiert?“

„Mann, wie siehst du denn aus? Hast du durchgemacht?“, und ohne auf eine Antwort zu warten: „Vandalen haben zugeschlagen. Sinnlose Beschädigung der Bude und des Zeltes. Die haben nichts ausgelassen. Sogar noch die Holzplanken rausgerissen und ein Loch gegraben.“

„Ein Loch gegraben? Auf dem Boden und bei den Temperaturen? Hat denn niemand etwas mitbekommen? Das muss doch einen Heidenlärm gemacht haben.“

„Der Security-Service hat es erst heute morgen festgestellt. Da waren die Vandalen schon auf und davon.“

„Und was ist mit der Polizei?“

„Es fehlt nichts. Auf den ersten Blick zumindest. Die Sachbeschädigung ist natürlich ärgerlich. Unser Chef meint aber, dass es besser ist, behelfsmäßig die Schäden zu reparieren und den Weihnachtsmarkt zu öffnen, als dass sich jetzt die Polizei mit Spurensicherung und möglicherweise Spürhunden jede Bude und jedes Zelt vornimmt. Dann können wir für heute gleich einpacken.“

„Kaum zu glauben, dass nichts fehlt. Warum haben die Typen so einen großen Aufwand betrieben? Für nichts und wieder nichts?"

„Zerstörungswut? Mutprobe? Rache? Was weiß ich?"

„Ah, gut, dass du da bist", der Marktorganisator hatte Chris entdeckt, „du siehst ja, was passiert ist. Du bleibst hier und hilfst, den Schaden einigermaßen zu beheben. Beeil dich aber, du bist nämlich heute bei Maik in der Schmiede am Blasebalg eingeteilt."

Das waren feine Aussichten. Erst Struktur ins Chaos bringen und sich danach am Blasebalg verausgaben, um die jeweils benötigte Temperatur für das Schmiedefeuer zu erreichen. Dafür hätte es sich nach Chris' Ansicht tatsächlich nicht gelohnt, zu duschen und neue Klamotten anzuziehen.

Revierleiter Dieter Hübzsch runzelte die Stirn. Diese E-Mail hatte es in sich. Das Landeskriminalamt setzte ihn in Kenntnis, dass eine nunmehr entschlüsselte Nachricht vom Mai 2020 aus den sichergestellten Kommunikationsdaten der EncroChat-Plattform wohl einen Dresden-Bezug aufwies. Europol hatte damals ein Ermittlungsverfahren gegen das Netzwerk eingeleitet. Darauf drangen französische Ermittlungsbehörden mit Trojanern in den Verschlüsselungsdienst vor und zeichneten im Zeitraum von April bis Juni 2020 die geheimen Chat-Nachrichten der Verbrecher aus dem Bereich der Organisierten Kriminalität auf. Insgesamt handelte es sich um 20 Millionen Nachrichten von 60.000 Kriminellen aus 121 Ländern. Die abgefangene Chat-Nachricht lautete übersetzt folgendermaßen:

„Auf einer Linie mit der Rose, in 360 Grad 4 Türme sichtbar: Frauenkirche (über Korn der Figurengruppe), Rathaus, Schloss, Hofkirche."

Das Landeskriminalamt sah sich aus Kapazitätsgründen nicht in der Lage zu prüfen, ob der Inhalt dieser Nachricht im Zusammenhang mit einer Straftat stand und überließ es dem offensichtlich zuständigen Polizeirevier Dresden-Mitte, Nachforschungen anzustellen. Polizeidirektor Dieter Hübzsch nahm seine Mütze vom Tisch, setzte sie auf, prüfte vorm Spiegel in der Innenseite des Garderobenschrankes den Sitz von Mütze sowie Krawatte und verließ sein Dienstzimmer.

Im Zelt der Wahrsagerin, das im Stallhof in der Pferdeschwemme aufgebaut war, konnte Jana Ruhland in aller Ruhe einen Kaffee trinken und rauchen. Sie war allein und sollte für Sylvia alias Wahrsagerin Madame Kassandra die Stellung halten. Erfahrungsgemäß waren um diese Uhrzeit nur sehr wenige Weihnachtsmarktbesucher bereit, sich die Zukunft voraussagen zu lassen. Deshalb hatte Sylvia spontan entschieden, einige Besorgungen zu machen. Jana war das sehr recht, weil sie eigentlich beim Badezuber als Bademagd eingeteilt war. So konnte die Polizeihauptmeisterin, die zum Studium nach Rothenburg abgeordnet war, in Ruhe ein wenig nachdenken. Insgeheim wurmte es sie, dass das inoffizielle Precop-Forschungsprojekt einfach so abgebrochen worden war. Sie fühlte sich ungerecht behandelt. Es war doch nicht ihre Schuld, dass Chris, der dumme Wessi, seinen Einsatz verpatzt hatte. Immerhin hatte sie mit ihrer Ersten Hilfe dafür gesorgt, dass kein Opfer zu beklagen war. Dass sie aufgrund eines undefinierbaren Lichts im Schloss einen ergebnislosen Großalarm ausgelöst hatte, empfand sie nicht als Fehler. Sie hätte sich gern erklärt, mit irgendjemandem darüber diskutiert, aber darauf wollte sich niemand einlassen. Schon gar nicht Revierleiter Dieter Hübzsch. Das nahm sie ihm übel. Sie würde nach Rückkehr an die Hochschule Professor Mankowitz ihre Meinung sagen. Wenigstens sollte der Weihnachtsmarkteinsatz als Praktikum anerkannt werden.

„Huhu!“, Sylvia war eher zurück als geplant, „war was?“
„Nein, alles ruhig.“
„Na, dann können wir ja noch einen Kaffee zusammen trinken.“
Beide Frauen nutzten die Zeit, um sich über die Vorkommnisse in der letzten Nacht auszutauschen.
„Kommt so etwas öfter vor?“, Jana konnte ihre berufsbedingte Neugier nicht ablegen.
„Nein, wir sind eigentlich eine große Familie. Die meisten von uns reisen ja schon seit Jahren von Markt zu Markt mit. Die Termine sind gesetzt und auch der Aufstellplan der Stände ist vorgegeben und hat sich bewährt.“
„Also Friede, Freude, Eierkuchen?“
„Na ja, menscheln tut es bei uns auch. Aber im Kern vertragen wir uns gut. Wir wissen, was wir aneinander haben, und können uns aufeinander verlassen. Höchstens, wenn jemand neu dabei und der Meinung ist, dass er mit seinem Standplatz benachteiligt wäre! Da gibt es teilweise heftige Diskussionen.“
„Die werden aber friedlich geregelt, oder?“, ließ Jana nicht locker.
„Dafür haben wir doch unseren Guru. Der hat das letzte Wort.“
„Guru?“
„Ja, unser Marktorganisator. Du kennst ihn.“
Sylvia stand auf, goss sich etwas Kaffee nach und schaute aus dem Zelt.
„Die tschechischen Glasbläser sind ja gar nicht da.“
Tatsächlich. Das war Jana noch nicht aufgefallen. Bei der Holzhütte gegenüber war der Laden nicht hochgezogen. Und es war schon kurz vor Mittag.
„Das wird den Guru nicht erfreuen. Wer hier einen Platz erhält, muss sich an die Öffnungszeiten halten. Da kann nicht jeder machen, was er will. Übrigens, die Glasbläser sind das erste Mal dabei und haben am Anfang großen Ärger gemacht, weil sie unbedingt in eine Hütte im Mittelgang wollten.“
Bevor Jana etwas erwidern konnte, stand Polizeidirektor Dieter Hübzsch im Zelteingang.
„Guten Tag, Frau König, darf ich Ihnen Frau Ruhland für einen Moment entführen?“
Der Revierleiter und die Wahrsagerin kannten sich vom falschen Alarm im Dresdner Residenzschloss.

„Hallo, Herr Hübzsch, tun Sie, was Sie nicht lassen können.“

„Ja, guten Tag erst mal, Herr Polizeidirektor“, Jana mochte ihren Unmut nicht verbergen, als sie mit Dieter Hübzsch vor dem Zelt stand. Ein ungewöhnliches Paar. Der Polizist in der schicken blauen Uniform und die Bademagd in ihrem gelben Kleid mit weißer Haube und Schürze.

„Guten Tag, Frau Ruhland. Alle Schweine im Rennen? Oder was sagt man so in Ihrer Generation?“

Jana verdrehte die Augen und ließ die Frage unbeantwortet.

„Was kann ich für Sie tun? Ich bin überrascht, dass Sie sich überhaupt noch mal melden.“

„Ich hoffe, angenehm überrascht. Wissen Sie, in gewissem Sinn fühle ich mich für Sie und Ihren Kollegen verantwortlich. Wo treibt sich denn Herr Steiner herum?“

„Lange nicht gesehen. Bin ich auch nicht traurig drüber.“

„Dann werde ich Ihnen allein ein Rätsel aufgeben.“

Der Revierleiter zeigte Jana einen Ausdruck der E-Mail vom LKA. Sie las den Text aufmerksam.

„Sieht wie eine Schatzsuche aus.“

„Das ist ein guter Vergleich.“

„360 Grad, das heißt: rundherum. Eine Stelle, von der aus man rundherum vier Türme sehen kann. Da stehen wir ja mit der Frauenkirche, Hofkirche und dem Hausmannsturm hier im Stallhof schon mal ganz gut.“

„Das sehe ich auch so.“

Jana Ruhland und Dieter Hübzsch waren mittlerweile im Mittelgang des Weihnachtsmarktes angekommen. Die Reparaturarbeiten an den beiden Ständen liefen noch.

„Und da, neben dem Johanneum, grüßt uns der goldene Rathausmann. Es ist aber nicht eindeutig. Leider stehen die Stände jetzt im Weg.“

Chris Steiner staunte nicht schlecht, als er die Stimme von seiner Kommilitonin hörte. Er lag auf dem Boden und versuchte, eine der herausgerissenen Holzplanken wieder einzupassen. Im Liegen drehte er sein Gesicht zum Himmel.

„Na, Herr Steiner, wieder mal auf einer heißen Spur?“, der Revierleiter konnte sich diese süffisante Bemerkung nicht verkneifen.

„Dass du mal so tief fallen könntest, hätte selbst ich nicht für möglich gehalten“, stieß Jana ins selbe Horn.

„Ich bin geblendet“, kommentierte Chris unbeeindruckt, „warum haltet ihr unbescholtene Bürger von der Arbeit ab?“

„Wir suchen einen Schatz, und Sie könnten ihn theoretisch gefunden haben.“

Chris rappelte sich auf.

„Wie belieben?“

Der Revierleiter zeigte auch ihm die E-Mail.

„Dass wir hier ganz in der Nähe sind, können wir an dem Wappen ablesen“, Dieter Hübzsch zeigte auf eine Säule vom Arkadengang, „die Rose im Wappen der Burggrafschaft Altenburg. Damit sind wir auf einer Linie mit der Rose. Genau dort, wo Sie sich gerade mit etwas beschäftigt haben.“

„In der Nacht sind Unbekannte hier eingedrungen und haben sich an den Ständen zu schaffen gemacht. Das Zelt umgestürzt, die Holzplanken rausgerissen und ein kleines Loch gegraben.“

„Mist, die waren vor uns da“, zischte Jana.

„Und da, wo Sie gerade gelegen haben, steht auch die Figurengruppe in einer Linie mit dem Kreuz der Frauenkirche, das soll ‚über Korn‘ bedeuten“, fügte der Revierleiter das letzte Puzzleteil ein, und zu Chris gewandt: „Nur der Vollständigkeit halber: War die Grube leer?“

„Allerdings. Wenn dort etwas gewesen sein sollte, dann ist es jetzt weg.“

„Meine Dame und mein Herr, ich schlage vor, dass wir uns zu einer Lagebesprechung zurückziehen. Ich lade Sie beide auf eine Limo in

das Schlossrestaurant ein. Beginn ist in zehn Minuten. Und damit Ihre Tarnung nicht auffliegt, gehen wir einzeln auf verschiedenen Wegen dorthin. Bis gleich!“

Das Restaurant „Anna im Schloss“ hatte erst vor Kurzem eröffnet und war in den Räumlichkeiten der Hofkellerei untergebracht, eines der ältesten Teile des Residenzschlosses. Dieter Hübzsch hatte einen Platz in einer Nische im Hauptraum mit dem Kreuzrippengewölbe gefunden. Das Reserviertschild, das für 13 Uhr eine Belegung auswies, ignorierte er. Nachdem sie ihre bestellten Getränke erhalten hatten, stieg der Revierleiter ins Gespräch ein.

„Nach Auskunft vom LKA ist beim Chat nur der Adressat bekannt. Die Fundstelle im Stallhof wurde erst nach bestätigter Zahlung einer Summe von 25 Bitcoins bekannt gegeben.“

„25 Bitcoins! Das ist ja fast eine Million Euro!“, platzte es aus Chris heraus, „was war denn da bloß vergraben? Das Loch war nicht sehr groß und nicht besonders tief.“

„Die Zahlung des Betrages wurde im Mai 2020 veranlasst. Das bedeutet, dass zu diesem Zeitpunkt der Gegenstand dort schon deponiert gewesen ist“, überlegte Jana laut.

„Das ist anzunehmen“, bestätigte Dieter Hübzsch.

„Wahnsinn, dass jemand, der bereit ist, eine Million Euro zu zahlen, so lange wartet, um an den Gegenstand heranzukommen“, wunderte sich Chris.

„Vielleicht ist das Versteck danach weiter gehandelt worden? Oder davor auch schon mal?“, gab Jana zu bedenken.

„Aber je länger der Gegenstand im Versteck aufbewahrt wurde und je mehr Mitwisser es gab, desto größer war für den Letztkäufer das Risiko, dass irgendeiner der Wissensträger das Versteck bereits geplündert haben könnte. Möglicherweise kamen unsere Vandalen letzte Nacht zu spät“, sagte Chris.

„Ich denke, wir sollten das nicht weiter vertiefen. Das führt uns momentan nicht weiter. Erkenntnisreicher ist meines Erachtens die Frage, was im Versteck drin gewesen sein könnte?“, versuchte der Revierleiter die Überlegungen zu strukturieren.

„Klein, wertvoll, Schloss? Da fallen mir nur die Juwelen ein, die aus dem Grünen Gewölbe entwendet worden sind.“

„Typisch Frau. Du kannst ja nur an Klunker denken.“

„Jana, fahren Sie bitte fort."

„Der Juwelenraub aus dem Grünen Gewölbe ereignete sich am 25. November 2019. Ein Montag. Ich weiß das deshalb so genau, weil ich damals im Revier Mitte tätig war. Zwei Tage danach, am Mittwoch, wurde der Striezelmarkt eröffnet und damit auch der Mittelalter-Weihnachtsmarkt im Stallhof. Ich erinnere mich, dass alle Straßen und Plätze rund um den Tatort schon weihnachtlich geschmückt waren. Könnte es sein, dass einer der Täter in dem ganzen Trubel – Aufbau des historischen Weihnachtsmarktes, Feuer am Stromverteilerkasten am Terrassenufer, Ausfall der Straßenbeleuchtung, Einbruch im Grünen Gewölbe, Meldung eines brennenden Fahrzeugs in einer Tiefgarage – unbemerkt in den Stallhof gelangt ist und dort die Beute oder einen Teil davon versteckt hat?"

„Ein bestechender Gedanke", lobte Dieter Hübzsch, „wir wissen nichts über den Verbleib der Beute. Wir vermuten, dass die Täter alle gemeinsam und mit der Beute in dem Fahrzeug vom Tatort weggefahren sind, das dann in der Tiefgarage angezündet worden ist. Was ist, wenn die Beute oder ein Teil davon das Gelände des Residenzschlosses damals nicht verlassen hätte?"

Chris pfiff durch die Zähne: „Und die Beute konnte möglicherweise nicht vorher abgeholt werden, weil zur Tarnung der Weihnachts-

markt notwendig gewesen ist, der aber in den letzten Jahren wegen Corona abgesagt werden musste."

„Das ist theoretisch denkbar. Es könnte auch sein, dass sich die Täter auf der Flucht nicht mit der Beute belasten wollten oder sie das Versteck für sehr sicher hielten oder auch noch niemanden hatten, der bereit war, die geforderte Summe zu bezahlen", führte der Revierleiter den Gedankengang weiter.

„Oh nein, wir waren so nah dran und haben nichts gecheckt, und jetzt sind die Täter über alle Berge", ärgerte sich Chris.

„Vielleicht noch nicht über alle. Es ist heute etwas Merkwürdiges passiert. Die tschechischen Glasbläser sind nicht an ihrem Stand erschienen. Vielleicht gibt es da einen Zusammenhang?"

„Das ließe sich leicht prüfen. Beim Marktchef müssten doch Daten wie Namen, Adressen, Telefonnummern, Autokennzeichen, Kontoverbindungen vorhanden sein. Sicherlich wird er schon versucht haben, Kontakt mit den Glasbläsern aufzunehmen."

„Das ist vermutlich so. Ich werde den Marktchef dazu befragen. Wenn sich ein Anhaltspunkt für eine Straftat daraus ergibt, leite ich eine Fahndung ein. Es ist bedauerlich, dass die Spuren der Sachbeschädigung und der Ausgrabung nicht polizeilich gesichert worden sind", befand der Revierleiter.

„Nicht ganz. Ich habe bei den Aufräumarbeiten Fotos gemacht. Es lag auch eine kleine Balkonschaufel am Tatort. Die habe ich an mich genommen."

Chris öffnete eine Seitentasche an seiner Hose und holte eine Tüte heraus, in der sich die Schaufel befand.

„Großartig! Die nehme ich mit ins Revier. Schicken Sie mir doch bitte auch die Fotos zu!“

„Und was sollen wir jetzt machen?“, wollte Jana wissen.

„Was würde denn Ihr Professor Mankowitz empfehlen?“

„Er würde auf das „near-repeat“-Prinzip verweisen“, antwortete Jana.

„Na klar, wo einmal ein Verbrecher aufgetaucht ist, kann in der Nähe allzu bald mit weiteren kriminellen Handlungen gerechnet werden“, Chris versuchte, den Tonfall des Professors zu imitieren.

„Also, arbeiten Sie undercover weiter. Seien Sie wachsam. Beachten Sie jedes auffällige Verhalten. Ich hab's im Gefühl, dass noch etwas passieren wird. Vorsichtshalber holen Sie sich in der Waffenkammer Ihre Pistolen ab.“

An dem Mittwoch passierte nicht mehr viel. Der Marktchef gab eine Vermisstenanzeige zu zwei tschechischen Glasbläsern auf, die der Revierleiter wohlwollend und persönlich entgegennahm. Dadurch konnte eine internationale Vermisstensuche in Gang gesetzt werden. Ordnungsgemäß teilte Dieter Hübzsch dem LKA mit, dass sich just an der im Chat beschriebenen Stelle der Vorfall der Sachbeschädigung ereignet hatte. Ob ein Zusammenhang bestehe, werde geprüft. Ebenso fragte er bei der Sonderkommission Epaulette, die nach dem Einbruch in das Grüne Gewölbe gegründet worden war, nach, ob es Erkenntnisse gibt, dass sich die geraubten Juwelen oder ein Teil davon in Tatortnähe befinden könnten.

Jana und Chris verabredeten sich, um nach dem Marktende in der Äußeren Neustadt noch etwas zu trinken und das „Kriegsbeil“ zumindest vorübergehend zu begraben. Chris holte Jana beim Badezuber ab.

„Au Mann, ich würde dich ja am liebsten im Badezuber durchwaschen, aber der hat jetzt geschlossen. So können wir nicht losgehen.“

„Gut, gut. Dann dusche ich schnell zu Hause. Wo wollen wir uns treffen?“

„Ich komme mit. Wir können dann von dir aus irgendwo hingehen.“

Chris war überrascht, aber einverstanden. In seiner kleinen Plattenbauwohnung, die in der Nähe des Polizeireviers lag, zeigte er seinem Gast den Kühlschrank, bevor er unter die Dusche sprang. Nach 40 Stunden zum Teil harter Arbeit war der Brausestrahl eine Wohltat. Er wusch sich die Haare und wollte sich zwischendurch mit dem Handtuch den Schaum aus den Augen wischen. Aber das Handtuch hing nicht mehr über der Duschtür. Er tastete ein wenig mehr rechts, ein wenig mehr links und öffnete vorsichtig ein Auge, um die Suche zu effektivieren. Jana öffnete ihm grinsend die Tür und reichte ihm das Handtuch.

„Suchst du das hier?"

Chris war zu sehr überrascht, um sich zu ärgern oder zu genieren. Er nahm das Handtuch und wischte sich die Augen frei.

„Ist das Bier schon alle?"

„Ach, entschuldige bitte. Als Bademagd habe ich mir das angewöhnt, im Bad behilflich zu sein. Außerdem inspiziere ich gerne alles ganz genau, wenn ich das erste Mal bei einem Mann in der Wohnung bin. Du bist ja gar nicht tätowiert!"

„Sollte ich? Und wie sieht es bei dir so aus?"

„Also, im Polizeidienst ist auf jeden Fall kein Tattoo sichtbar. Und zu allem Weiteren verweigere ich die Auskunft."

Mit diesen Worten ging sie aus dem Bad. Den Tag ließen sie in einem nahe gelegenen Studentenklub ausklingen. Zum Abschied bestellte Chris Jana ein Taxi und bezahlte es im Voraus.

Der Donnerstag verlief ohne Zwischenfälle. Jana und Chris waren sehr ernst und konzentriert bei der Sache. Plötzlich war es nicht mehr nur ein Forschungsprojekt, sondern ein echter Fall. Dies lag insbesondere daran, dass die mögliche Beute einen hohen monetären und einen unermesslichen ideellen Wert hatte. Jede kleine Auszeit nutzten sie, um Ausschau nach etwas Verdächtigem und dem jeweils anderen zu halten. Nach dem Marktende war Jana noch verabredet, sodass Chris allein nach Hause ging.

Am Freitag vor Heiligabend war die Altstadt außer Rand und Band. Die Menschen trieb es auf die Weihnachtsmärkte, um letztmalig in diesem Jahr den einzigartigen Zauber zu erleben. Die Temperaturen sanken. Es bestand sogar Hoffnung auf weiße Weihnachten. Chris half am Mutzbratenstand aus und konnte von dort immer mal zum Badezuber rübersehen, der sich aufgrund der benötigten Wasseranschlüsse an der Stirnseite des Stallhofs vorm Verkehrsmuseum befand. Jana hatte als Bademagd alle Hände voll zu tun. Die heutigen Gäste waren besonders durstig. Dann gab es doch etwas Auffälliges. Drei Herren südländischen Aussehens und Temperaments wollten am späten Nachmittag spontan den Badezuber buchen. Als ihnen mitgeteilt wurde, dass alle Termine seit Tagen reserviert seien, reagierten sie empört. Schließlich zahlten sie der folgenden Gruppe den doppelten Preis, damit sie ihre Reservierung abtraten. Es kam aber niemand aus der Umkleidekabine heraus, niemand stieg in den Zuber. Als Janas Chef nachschaute, stellte er fest, dass seine Gäste einige der Steinplatten unter der Kabine herausgehoben hatten. Einer von ihnen wühlte im darunterliegenden Erdreich. Da platzte Janas Chef der Kragen. Er forderte die drei Männer auf, sofort den Bereich zu verlassen. Daraufhin zog ein Gast eine Pistole und deutete ihm und Jana in voller Bekleidung in den Badezuber zu steigen, was diese auch taten. Jana überlegte, mit welcher List sie den Ganoven übertölpeln konnte. Dieser hatte aber mit der Knarre in der Hand die besseren Argumente. Er setzte sich dann sogar – ebenfalls voll bekleidet – mit in den Zuber und verbarg seine Waffe unterhalb des runden Holzbrettes in der Mitte, auf dem die normalen Badegäste ihre Becher abstellten. Aus Janas Sicht handelte es sich bei dem Trio ebenso um kriminelle Schatzsucher. Sie musste Chris, der hin und wieder von seinem Stand rüberschaute, ein Zeichen geben. Wie sie es drehte und wendete, gab es nur eine Möglichkeit, den Gangster zu überrumpeln. Sie stand im Zuber auf und schaute den Südländer an. Dabei streifte sie sich ihre Haube und ihre Schürze ab. Der Mann glotzte sie unruhig mit großen Augen an und gab ihr mit einer Geste zu verstehen, dass sie sich wieder hinsetzen sollte. Aber Jana begann ihr Kleid aufzuknöpfen und es schließlich ins Wasser fallen zu lassen. Dies blieb natürlich den Passanten nicht verborgen, die Jana nun in

Unterwäsche bewundern konnten. Sie blieben stehen und schauten. Die sich bildende Menschentraube fiel schließlich auch Chris auf. Er glaubte seinen Augen nicht zu trauen, als er von seiner leicht erhöhten Position im Grillstand aus Jana erkannte, die drauf und dran war, ihren BH abzulegen.

„Was zum Teufel", dachte er sich. Er griff nach seinem Handy und drückte auf die Nummer von Dieter Hübzsch.

„Am Badezuber stimmt etwas nicht. Bitte sofort Verstärkung schicken!"

Er ließ das Handy an, während er zum Badezuber eilte, wo Jana andeutete, den geöffneten BH fallen zu lassen. Mittlerweile stand ein bärtiger Mann mit nassen Klamotten ebenfalls im Zuber. Mit Schrecken erkannte Chris, dass dieser eine Pistole hatte.

„Da ist ein Typ, der ist bewaffnet", rief Chris ins Handy und zog mit der freien Hand aus dem Schulterholster seine Dienstwaffe.

„Polizei! Waffe weg!"

Chris hatte sich durch die Menschen durchgewühlt, die plötzlich den Ernst der Lage begriffen und kreischend versuchten, sich in Deckung zu bringen. Jana drehte ihren Kopf um. Chris erkannte Angst in ihrem Blick sowie Erleichterung, ihn zu sehen. Der Typ machte keine Anstalten, sich seiner Waffe zu entledigen. Im Gegenteil, er begann seinen rechten Arm auszustrecken. Jana sprang zur Seite.

Chris feuerte im Vorwärtsgehen auf den Schussarm und traf. Der Mann ließ die Pistole in den Zuber fallen, fasste sich an den verletzten Arm und sackte zusammen.

„Da sind noch zwei andere in der Kabine", rief Jana Chris zu. Chris durchwatete mit schussbereiter Waffe den Badezuber, um auf der anderen Seite herauszuklettern. Aus der Kabine kam ihm ein weiterer bärtiger Mann entgegen. Als dieser Chris' Waffe sah, hob er seine Hände.

„Hände hinter den Kopf und auf den Boden legen!", befahl Chris. Aufreizend langsam tat der Mann, wie ihm geheißen. Jana hatte sich inzwischen die Pistole aus dem Badezuber geangelt und die Strickjacke ihres Chefs übergezogen. Im Hintergrund war ein Martinshorn zu hören.

„Pass auf den Typen auf!", rief Chris Jana zu und ging weiter in Richtung Kabine. Der dritte Mann hatte schon die Hände hinter dem Kopf verschränkt und kam langsam auf Chris zu.

„Raus! Aber langsam!"

Der Mann verdeckte mit seinem Körper etwas, was Chris nicht erkennen konnte.

„Raus!"

Plötzlich erhob sich eine Drohne und zog an Chris vorbei in die Höhe. An der Unterseite war ein Beutel befestigt.

„Verdammt!", fluchte Chris und verlor für einen Moment den dritten Mann aus den Augen.

„Vorsicht!", schrie Jana.

Bevor sich der dritte Mann auf Chris stürzen konnte, gelang es ihm, auszuweichen und den Angreifer ins Leere laufen zu lassen. Dann waren auch schon die Kolleginnen und Kollegen vom Revier zur Stelle und überwältigten alles, was Widerstand leisten wollte.

Währenddessen verschwand die Drohne samt Ladung im Dresdner Abendhimmel.

„Geht es dir gut?", Chris streichelte leicht mit seiner rechten Hand über Janas Wange.

„Ja, mir geht es gut. Und dir?"

Beide schauten sich an.

Jemand räusperte sich in ihrer Nähe. Revierleiter Dieter Hübzsch stand vor ihnen. Er hatte einen Einsatzanzug an.

„Das freut mich zu hören. Wenn Sie möchten, können wir die Verfolgung aufnehmen“, sagte er und sprach dann in das Mikrofon seines Funksprechgerätes hinein, „bitte Position durchgeben. Ja, habe verstanden. Bitte die Reederei informieren und die Wasserschutzpolizei anfordern! Ein Boot soll kurz an der Anlegestelle Altstadt halten und drei Personen an Bord nehmen! Bitte sämtliche Brücken und Anlegestellen bis nach Pillnitz besetzen! Einsatzkräfte in Ufernähe in Bereitschaft halten! Over!“

Jana und Chris schauten neugierig zu ihm.

„Wir haben den Flug der Drohne verfolgen können. Sie ist zur Elbe gesteuert worden und auf dem gerade auslaufenden Salonschiff ‚August der Starke‘ gelandet. Dieses Schiff ist planmäßig unterwegs in Richtung Schloss Pillnitz zum Christmas-Garden-Event. Ein Halt dazwischen ist nicht vorgesehen. Ich schlage vor, dass Sie sich beide von einem Funkstreifenwagen frische Einsatzkleidung holen und wir dann die Verfolgung aufnehmen.“

Am Fürstenzug stand ein Funkstreifenwagen bereit, von dem Jana und Chris sich für den Einsatz ausstatten konnten. Anschließend ließen sie sich zur Anlegestelle fahren. Der Revierleiter erwartete sie

schon auf dem Boot der Wasserschutzpolizei. Nachdem sie an Bord gegangen waren, legte es ab.

„Haben Sie im Stallhof jemanden gesehen, der die Drohne gesteuert hat?“

Die beiden Polizeistudenten verneinten.

„Ich vermute, dass die Drohne von einer Handy-App aus gesteuert werden kann. Das fällt in der Menschenmenge nicht auf. Der Vorteil für die Gangster ist, dass mehrere auf die App zugreifen können, sodass eine Übernahme der Steuerung in einem bestimmten Radius um die Drohne herum möglich ist. Das heißt, dass die Drohne jederzeit von einer Person am Ufer übernommen werden und dann vom Salonschiff fliegen könnte. Kollegen der Fahrradstaffel begleiten das Salonschiff von den Elbwiesen aus – diskret, versteht sich.“

Die drei standen am Bug des Polizeibootes, das gerade die Albertbrücke hinter sich ließ.

„Da ist es“, Dieter Hübzsch zeigte auf das beleuchtete Salonschiff, das vor ihnen in der Mitte der Elbe fuhr. Und zum Schiffsführer gewandt: „Wir halten erst mal diesen Abstand. Wir müssen wissen, was an Bord los ist.“

Er drehte sich zu Jana und Chris um.

„So, liebe Polizeihochschüler des 2. Studienjahres. Folgende Aufgabe: Versetzen Sie sich in einen Kriminellen, der seine Beute per Drohne auf einem Passagierschiff verstaut hat. Wie ist sein Plan? Wie geht er weiter vor? Arbeitet er allein?“

„Er arbeitet nicht allein. Mindestens drei Komplizen waren im Stallhof. Vielleicht sind weitere Komplizen an Bord des Schiffes oder in Funknähe entlang des Ufers“, startete Chris seine Überlegungen.

„Sie mussten handeln. Sie standen unter Druck. Deshalb haben sie in Kauf genommen, dass sie beim Ausgraben der Beute entdeckt werden könnten. Der Einsatz der Drohne war dann vielleicht auch Plan B – für den Fall, dass sie nicht unbemerkt aus dem Stallhof herauskommen können“, griff Jana den Faden auf.

„War es geplant, die Drohne auf ‚August der Starke‘ landen zu lassen? Falls ja, dann haben sie im wahrsten Sinne des Wortes eine Punktlandung hinbekommen. Apropos: Wo auf dem Schiff ist die Drohne gelandet? Wurde der Landeplatz vorher entsprechend markiert? Steckt möglicherweise ein Crew-Mitglied mit den Gangstern unter einer Decke?“, fragte sich Chris.

„Das sind berechtigte Fragen. Moment. Ich bekomme gerade neue Informationen“, unterbrach ihn der Revierleiter, „also, ‚August der Starke‘ hat ca. 150 Passagiere an Bord, die Crew samt Servicepersonal besteht aus 10 Personen. Der Kapitän ist informiert. An Bord hat er bislang nichts Verdächtiges feststellen können. Auch gibt es kein Anzeichen auf eine Drohne.“

„Weil die Drohne auf dem Fahrerhaus gelandet ist. Alle anderen Bereiche auf dem Oberdeck sind entweder zugänglich oder können eingesehen werden.“

„Sehr gut, Jana. Hören Sie, der Kapitän soll auf dem Fahrerhaus nachsehen, ob dort die Drohne gelandet ist. Aber er soll vorsichtig sein, möglicherweise befindet sich ein Komplize an Bord. Over.“

„Oder es ist niemand von den Gangstern an Bord. Die Drohne soll ruhig und unauffällig in Richtung Schloss Pillnitz schippern. Und irgendwo unterwegs kommt die Drohne wieder in den Steuerradius der Handy-App eines Komplizen und schwirrt ab.“

„Was sollten wir dann tun, Chris?“

„Das Salonschiff anhalten lassen. Wenn die Drohne noch nicht im Steuerradius ist, müssen die Gangster aktiv werden. Wenn es weiterfährt, laufen wir Gefahr, dass die Drohne mit der Beute auf Nimmerwiedersehen verschwindet.“

„Gibt es eine Alternative? Oder ein Risiko? Was meinen Sie, Jana?“ Bevor die Polizeihauptmeisterin antworten konnte, kam eine neue Nachricht rein: „Danke. Das Salonschiff soll sofort anhalten. Over. Tatsächlich. Die Drohne befindet sich mit einem Beutel auf dem Fahrerhaus. So oder so. Wir sollten jetzt zum Salonschiff aufschließen und an Bord gehen.“

Der Revierleiter ging zum Bootsführer, um ihn zu informieren. Als er rauskam, wunderte er sich: „Das Salonschiff nimmt ja Fahrt auf. Was machen die denn?“

Über sein Funksprechgerät fragte er in der Einsatzzentrale nach. Seine Stirn lag in Falten, als er den beiden Studenten einen Zwischenstand bekannt gab: „Der Funkkontakt zum Kapitän ist abgebrochen. ‚August der Starke' beschleunigt und wird gleich die Waldschlößchenbrücke passieren. Ja, ich höre. Kann der Posten auf der Brücke erkennen, was im Fahrerhaus los ist? Dachte ich es mir. Das sieht nach einer Flucht mit Geiselnahme aus. Das Mobile Einsatzkommando vom LKA soll aus der Bereitschaft kommen und übernehmen. Was ist die ‚Gräfin Cosel'? Das Zwillingsschiff von ‚August der Starke'. Okay! Wie weit ist es von der Waldschlößchenbrücke noch entfernt? Es soll sich quer stellen. Ja, das haben Sie richtig gehört. Quer stellen und die Weiterfahrt von ‚August der Starke' verhindern. Over."

„Was ist los?", fragte Jana.

„Der Kapitän wird offensichtlich gezwungen, weiterzufahren. Es ist eine unbekannte Person im Fahrerhaus. Die Passagiere haben bislang noch nichts bemerkt. Das andere Salonschiff, ‚Gräfin Cosel', befindet sich auf der Rückfahrt von Schloss Pillnitz. Ich habe angeordnet, dass es sich quer stellen soll, um ‚August der Starke' zum Halten zu bringen."

„Was machen wir?"

„Wir fahren hinterher, und wenn das Salonschiff hält und das MEK noch nicht vor Ort ist, docken wir an und Sie gehen an Bord."

Über Funk verfolgte Dieter Hübzsch das weitere Geschehen. ‚Gräfin Cosel' stellte sich quer, sodass ihr Zwilling nicht vorbeifahren konnte. Obwohl ‚August der Starke' stromaufwärts fuhr, war die Geschwindigkeit so hoch, dass dessen Kapitän seitlich beidrehen musste, um nicht frontal in das andere Salonschiff reinzufahren. An Bord brach Panik aus, als das Wendemanöver einsetzte. Das MEK war noch unterwegs, sodass Polizeidirektor Dieter Hübzsch den Befehl gab, ‚August der Starke' zu entern.

„Wir müssen verhindern, dass der Komplize weitere Geiseln nimmt. Das Leben und die Unversehrtheit der Passagiere und der Besatzung haben absoluten Vorrang. Danach kommt irgendwann die Drohne und die Ladung. Seid doppelt vorsichtig, weil wir nicht wissen, wie der Komplize reagiert. Also los!"

‚August der Starke' war zum Halten gebracht worden, ohne dass es das Zwillingsschiff gerammt hatte. Allerdings war es in Ufernähe auf Grund gelaufen und hatte sich festgesetzt. Das Polizeiboot drehte am

Heck des Salonschiffes bei. Jana und Chris kletterten auf das andere Schiff. Die Passagiere standen an der Reling und waren erleichtert, dass die wilde Fahrt erst mal vorbei war. Verletzte waren nicht zu erkennen und auch keine weitere Geiselnahme. Die beiden erklommen innen die Stufen zum Fahrerhaus. Als sie die Tür zu diesem öffneten, sahen sie nur den Steuermann, der schweißgebadet über dem Steuerrad hing. Vom anderen Mann, dem mutmaßlichen Geiselnehmer, fehlte jede Spur. Plötzlich hörten die beiden von oben ein Geräusch. Die Drohne setzte sich in Bewegung. Mit dem Beutel. Jana zog ihre Waffe und schoss mit mehreren Schüssen das Fluggerät zu Klump, bevor es das Schiff verlassen konnte.

Heiligabend. Während auf den anderen Weihnachtsmärkten in der Stadt um 14 Uhr die Saison beendet war, gönnte sich der Mittelalter-Weihnachtsmarkt im Stallhof einen Tag Pause, um nach dem Weihnachtsfest bis zum Dreikönigstag die Rauhnächte zu feiern. Chris hatte sich vom Marktorganisator den Generalschlüssel unter dem Vorwand ausgeliehen, am helllichten Tag noch Spuren sichern zu müssen, während Jana ihren Schlüssel zum Badezuber noch gar nicht abgegeben hatte. Beide waren der Meinung, den gestrigen Tag am Tatort noch einmal aufarbeiten zu müssen. Letztlich war das Forschungsprojekt geglückt. Professor Mankowitz würde mit seinen beiden Studenten zufrieden sein. Und die Bilanz konnte sich sehen lassen. Im Beutel befanden sich tatsächlich Schmuckstücke, die im November 2019 aus dem Grünen Gewölbe gestohlen worden waren. Unversehrt konnten sie der SOKO Epaulette übergeben werden. Für deren Ermittlungsarbeit gab es nun einen neuen Ansatz. Die Salonschiffe konnten nach einer kurzen Instandsetzung von ‚August der Starke' ihre Fahrten fortsetzen und die Passagiere wohlbehalten an ihr jeweiliges Ziel bringen. Der Geiselnehmer tauchte allerdings in der Masse unter. Die drei Komplizen übernachteten in Untersuchungshaft bzw. im Haftkrankenhaus. Und Polizeidirektor Dieter Hübzsch hatte für die beiden Studenten eine Abschlussbesprechung im Revier angekündigt. All das musste gefeiert werden. Und so hatten Jana und Chris es sich im Badezuber bei einer angenehmen Wassertemperatur von 38 Grad und deutlich kühleren Getränken bequem gemacht.

„Du hättest nicht das ganze Magazin leer schießen müssen."

„Habe ich gar nicht. Einen Schuss habe ich mir extra für dich aufgehoben."

„Da bin ich ja froh, dass ich keine Biene bin, so wie du mit Drohnen umgehst."

„Als Königin bin ich grundsätzlich zu allen Drohnen lieb und gütig, wenn sie mir zuverlässig zu Diensten sind."

„Soso, und was wäre das zum Beispiel?"

„Gar nicht so schlimm. Nur eine Sache, eine einzige klitzekleine Sache."

„Und die wäre?"

„Sie müssen mir nur meinen Willen erfüllen."

„Verstehe. Und wie viel Drohnen wären dafür ideal?"

„Da werde ich mich doch heute nicht festlegen."

Jana lächelte Chris an.

„Komm her, du dummer, kleiner Wessi!"

„Bin kein Wessi!"

Danksagung

Es war ein erstaunlich milder Märzabend. Meine Frau Gerlind und ich flanierten am Neustädter Markt und gönnten uns das erste Eis des Jahres. Unweigerlich blieb irgendwann der Blick am goldenen Reiter hängen. Ich war gerade auf der Suche nach Ideen für die Weihnachtsanektötchen und fragte mich, ob sich August der Starke einbeziehen ließe. Immerhin hatte es zwischen ihm und Constantia von Hoym in der Adventszeit gefunkt. Ich dachte mir: „Steig herab von deinem Ross" und wagte eine Annäherung an den Monarchen und Menschen August.

Die Bevölkerung war im beginnenden 18. Jahrhundert irgendwie an Krieg gewöhnt. Ich konnte nicht so recht glauben, dass August die Ereignisse des Großen Nordischen Krieges gänzlich unbeeindruckt ließen. Auch in unseren Tagen herrscht in Europa Krieg. Niemand weiß zur Zeit der Drucklegung, wie lange er in der Ukraine noch anhalten wird. Ich denke an meine Großmutter und meine Tanten, die im Zweiten Weltkrieg von Liegnitz nach Dresden zu Verwandten geflüchtet waren und das Inferno am 13. Februar 1945 überlebt haben. Seitdem besitzt Dresden in meiner Familie einen hohen Stellenwert. Ich habe mich deshalb sehr gefreut, als ich angefragt wurde, spannende Geschichten über Dresden zu schreiben. Das bot mir zudem die Möglichkeit, die Stadt nach meiner Rückkehr aufs Neue zu entdecken.

Ich danke dem Team des CW Niemeyer Verlages für das Vertrauen und die Unterstützung. Bei der Recherche haben mir viele Menschen, die mit dem Striezelmarkt beruflich zu tun haben, geduldig und ausführlich meine Fragen beantwortet. Dafür gilt mein Dank. Abweichende Darstellungen sind der künstlerischen Freiheit geschuldet. Besonders herzlich bedanke ich mich bei meiner bewährten Erstleserin Gerlind, die mir mit großem Verständnis und wichtigen Hinweisen bei allen Phasen des Schreibprozesses zur Seite stand.

Ich wünsche allen Leserinnen und Lesern gute Unterhaltung und viel Vergnügen mit den Weihnachtsanektötchen aus Dresden!

Joachim Anlauf